不便でも気にしないフランス人、便利なのに不安な日本人

西村・プペ・カリン 著
石田みゆ 訳

大和書房

はじめに――フランス人ママ記者が見た日本のリアル

「あの子はキャリアウーマンだから」と、誰もが思っていたと思う。

家族も友人も同僚も。今から約20年前、当時27歳だったわたしは、たしかに仕事が大好きだった。

職場は子ども番組専門のカナルＪというチャンネルを放映するテレビ局で、管理職として働いていた。番組は赤ちゃん向けのものから青少年向けの番組まで、ときには日本のアニメも放映されていた。性別も年齢も、性格もさまざまな10名ほどの技術者チームを率いて番組を作る日々を送り、満足のいく月給をもらっていた。

ところが順風満帆な生活に、ある日偶然が起きた。

日本との出会いだ。

それがわたしの人生を丸ごと、ノン、わたしという人間を、面白いことに今ではすっかり変えてしまった。

その前に、まず時間をさかのぼって自己紹介を。

わたしの名前はカリン。

1970年、グラン・クリュワインの産地として有名なブルゴーニュ地方に生まれた（ブルゴーニュは、クロ・ド・ヴージョやシャブリが有名）。ワインを使った伝統料理やエスカルゴでも有名な地方だ。18歳で高校卒業資格バカロレア（選択科目は科学）を取得した後は、パリの大学に進んだ。

わたしもパリジェンヌに憧れた女子だった

パリのイメージは、じつはわたしにとっても多くの日本人女性が抱くものと同じで、憧れそのもの。大学生の頃は、朝から晩までスクーターに乗ってパリの街中を走り回った。だって夢見ていた街で、実際に生活しているんですもの……！と毎日のように感激していた。

最初に借りたのは17区にあるアパルトマンの屋根裏部屋（広さは約6㎡弱）。次が5区、カルチエラタンのワンルーム（最初の部屋よりほんの少し広いくらい）。そして、そこを出てようやく、サンジェルマン・デ・プレにあるアパルトマンを借りるようになった。

サンジェルマン・デ・プレといえば、出版社や書店が軒を連ねる有名なエリア。

編集者やジャーナリスト、芸術家たちに愛されてきた老舗のカフェが多いことでもよく知られている地区だ。

大学の後は音響係（サウンドエンジニア）として複数の大手ラジオ局で、男性だらけの中で奮闘しつつ仕事をした。おかげでセルジュ・ゲンズブールやスティングやフランソワーズ・アルディなど、往年の大物歌手と一緒に仕事もできた。そしてこの仕事を辞めた後で、前述のテレビ局に転職をした。

パリの街中を走り回っていたわたし

フランス人には「日本人＝アリ」だった

「今年の休暇は日本で過ごそう」ふいにそう思ったのは、1997年のこと。

しかし実際の日本についての知識はほとんどなく、雑誌やテレビで見かけた表面的なイメージが頭にあるのみ。サラリーマン、着物姿の美しい女性たち、寿司、障子、富士山、北斎の浮世絵、そんなところ。仲のいい友人たちからは、「どうして日本になんて行くの？」と不思議がられてしまった。日本に旅行すること自体、当時フランス人の間ではめずらしかったのだ。

じつは1990年初め、当時のフランスで首相を務めていた女性が日本人をアリにたとえたことがあった（せかせかと早足で歩くサラリーマンの黒いスーツを見て思いついたらしい）。おかげで当時のフランス人の頭には、

「日本人＝アリ」

というイメージがつよく焼きつけられてしまい、「そんな国に観光に行くなんて」と思われてもしかたがない風潮があったのかもしれない。個人的にはとくに偏見もなく、むしろ好奇心のほうが勝っていた。東京に行ってみようと思ったのも一度、高層ビルの立ち並ぶ大都市をこの目で見てみたかったからだ（パリでは見られない！）。アメリカでも見られそうなものだが、あまり行く気がせず、日本に行くことにした。

日本という国に……恋に落ちた

5月のある朝、わたしの乗った飛行機は無事成田空港に到着した。降り立った

瞬間、「ここだ!」と心の声がした。とはいえ、何が「ここ」なのかしら……？自分でもよくわからないまま、とにかくずっと探していた自分の居場所を見つけたような気がしたのを覚えている。もしかすると天気がよかっただけのことかも……。あまりよく覚えていない。

それから1ヵ月間、気ままに日本に滞在した。ウィンドーショッピングをしたり、美術館へ行ったり、都内を1日見て回ったり。新しい出会いもあれば、パリで知り合っていた日本人たちと再会したりもした。

フランスに帰国してからは、悲しくて悲しくて、毎日泣いて過ごした。日本旅行なんてと言っていた当時の同僚たちも、わたしがどんなに落ち込んでいたか、覚えているはず。まるで愛する恋人と永遠に別れた直後のような状態だった。

しかし落ち込んでばかりもいられない、必ずまた日本に戻ろうと思った。日本の駅や街中にいると聞こえてくるアナウンス、デパ地下に響く売り込み口上、ATMや切符売り場の人工音声。日本にいると、他の国では決して聴くことのできない独特の音が街にあふれている。それから、理解不可能な言語、文字、変わった風習、人混み。何もかも、思い出すたびに恋しくて、「早く日本に戻らなくては」と思った。

実際、翌年とその翌年にかけて日本を訪れることができた。日本語の勉強も始め、１９９９年の終わり頃、ついにわたしは日本でジャーナリストとして生きることを決意し、仕事まで退職してしまった。無謀だっただろうか。そう言う人も実際にいたし、自分でも覚悟のいることだったけれど……。わたしの性格を知っている両親は、不安そうにしていたものの、止めても無駄だとあきらめていたようだった。

出発までの数ヵ月間、毎日午後になるとセーヌ川沿いまで出かけ、ジャーナリストになるために必要な本を読み漁った。

圧倒的だった日本の通信技術

ジャーナリストとしての第一歩は、自分がもともと得意とするエンジニアリングや音響分野に内容を絞り、専門雑誌に掲載してもらうところから始めた。折しも時代は携帯電話ブームで、写メールやｉモードは格好の話題となった。

ＩＴバブルも手伝い、わたしには幸運が続いた。さらに当時の日本は通信技術で最先端の開発をしていたのに、なぜかこのテーマについて書こうとする記者がほとんどいなかったのだ。

なんとすでに日本特派員を2人も抱えているはずの仏大手新聞社「ル・モンド」からも依頼が入った。号外掲載用に、日本の技術開発についていくつかの記事を書いた。

書籍の執筆依頼まであった。有名な「クセジュ」シリーズ（フランスで人気の実用書）で、「携帯電話」をテーマに書くことができたのだ。

そうしたチャンスが舞い込み続け、２００２年になると、わたしはもうフランスにはあまり戻らなくなっていた。帰国は年に1、2度だけ。しばらくはパリのアパルトマンを借りたままにしてあったのだが、２００４年末、フランスＡＦＰ通信の東京オフィスで働かないかとオファーがあり、それもついに引き払うことになった。何がなんでも暮らしていたいと願ったこの国、日本で、それも世界でもっとも歴史ある通信社で働けるなんて、信じられない気分だった。

あれから12年が経ち、わたしは同じところで毎日働いている。

今では日本語の読み書きも覚えた。もちろん、複雑で奥深いのが日本語の最大の特徴。勉強に終わりはないけれど、だからこそ、わたしはすぐ日本のとりこになったのだ。日本にいると、言葉も何もかも、あまりにもわからないことだらけ。理解したい、学びたいと、好奇心のかたまりになる。ずっとその気持ちに突き動かされてきた気がする。

来日するたび、自分が何も知らない子どもの頃に戻ったような気がした。すべてゼロからやり直せるような感覚だった。

先日ラジオで聞いた話によれば（神経学の先生が解説していた）、子どもたちが知識を吸収するスピードが速いのは、彼らの神経が若いからではないらしい。スピードを支えているのは、とにかく知りたいという欲求がとてもつよいためだそうだ。もしそれが本当なら、状況しだいで大人にも当てはまるはず。30歳を過ぎて日本で冒険を始めたわたしにとって、なんて心づよい話なのかしら。

知れば知るほど面白い国

こうしてジャーナリストになってからの数年はあっという間に過ぎていった。知りたい、学びたい、という情熱が長年にわたって続き、2002年から2008年にかけて1冊の分厚い本まで書いてしまった。タイトルは『日本人』。文字通り日本と日本人について600ページにもわたって書いたものだ。

続けて、『マンガの歴史』(2010年)という本を出版した。これが、現在の夫、つまり息子のパパになる男性と出会った間接的なきっかけになった。
日仏の漫画家が集まるパーティーで、ジャーナリストの友人から紹介されたその男性の名前は、じゃんぽ〜る西。彼は最高の夫で、最高のパパだ。亭主関白どころか、家事もすすんでしてくれる。赤ちゃんのおむつまで替えてくれる(!)。この後また詳しく紹介するけれど、夫はフランス人女性が描く一般的な日本人男性のお堅いイメージとは、まるで反対の人だ。

ブルゴーニュ生まれのパリジェンヌがいかにしてエンジニア業界のキャリアウーマンから「フランス人ママ記者」として日本に暮らすようになったか、そのわけはこんなところ。毎日いろいろなニュースを記事にしているけれど、結局は、朝から晩まで「日本」もしくは「日本人」について書き続けている。

なんて幸せなことだろうと思う。右も左もわからない外国で、歴史、社会習慣、マナー、共同生活、何から何まで子どもにかえったように、1から学び直す貴重な体験をしているのだから。生まれ変わるってこんな感じかしらと思う。それも大人のまま生まれ変わっているから、自分の国との違いを比較することまでできるのだ。

おたがいに同じ人間であることは変わらないけれど、日本の生活習慣や価値観はフランスとは違い、その差が考え方や話し方、問題解決方法や、家族関係、人間関係、恋愛、あらゆる面に影響している。

わたしには驚きの連続だ。一見して些細なことでも、違いをはっきりと示している場合もある。

たとえば住所の書き方1つをとってもそうだ。日本ではまず、国名、県名から始め、市、区、町名、番地……と続き、最後に名前の順番で書く。ところがフランスでは真っ先に名前を書く。あくまでも重要なのは名前という感じで、それから続いて住所を書く（通りの名前、街の名前、国の名前の順）。個人主義のフランスとの違いがよく現れている例だ。

この本では、こうした日本とフランスの違いについて書いていきたい。この国が好きだからこそ、これからも日本で暮らしていきたいと願うフランス人ジャーナリストから見た日本、そして日本人。この国について書きたいことは、なかなか尽きそうにない。

Sommaire

chapitre 3

「フランスは子どもにやさしい」って、本当？

chapitre

1

L'amour, entre Français et Japonais, c'est différent ?

フランスと日本、愛し方が違うの？

ナンパするのがあたりまえのフランス人、知らない人とは会話すらしない日本人

以前は、日本人といっても実際にはどんな顔をしているのか、ぼんやりとしたイメージしか頭になかった。当時のわたしが知っている日本人男性といえば、坂本龍一くらい。10代の頃は部屋に貼った映画『戦場のメリークリスマス』のポスターをながめて過ごし、学生時代は仲のいい友達と2人、パリで、よく彼の音楽を聴いたものだった。デヴィッド・ボウイやデヴィッド・シルヴィアンの音楽と同じように夢中になった。セクシーでととのった顔立ちの彼は、本当に素敵だった。もしも日本人男性がみんな坂本龍一のようだったとしたら……なんてかっこいいのかしら！　そんなふうに想像をふくらませていたこともある。

「誰もがみんな、坂本龍一なわけではない」。日本に来てすぐ、それは間違った想像だったとわかったけれど。

それでも、来日してみると素敵な日本人男性はたくさんいると思った。渋谷で男の子2人組に思わず声をかけて写真を撮らせてもらったこともある。いとこに送ると、「めちゃ

くちゃキュートね！」と言って賛成してくれた。

電車の中では、よく乗客を観察していた。たしかにフランスとくらべるとスリムな体型の人が多い。太い、細い、きれい、きれいじゃない、かっこいい、かっこよくない……。あたりまえだけれど、いろんな人間がいる。

女性たちのプロポーションは、パリの女性とほとんど変わらない。ただ、彼女たちは髪の色や顔のつくりがみんなよく似ていて（見回してみても、たいていアジア系の女性しか乗っていない）その中から美人を1人選ぶのはむずかしかった。反対にパリを走るメトロの中は、髪の色から、顔つきから、体格や話す言語まで、てんでんバラバラの個性豊かな女性たちでいっぱいだ。

電車の中が静かすぎて驚く

電車といえば、フランスと日本では乗客の態度も大きくちがう。

まずあの、独特の沈黙。しーんと静まりかえった車内の空気に、最初はなかなか慣れなかった。たとえ会話をしていたとしても、日本人はおたがいの目を見ずに、前を向いて話しているようだ。フランス人が会話をするときには、相手の目を見て話すものだから、と

ても奇妙に感じた。隣どうしに座るグループが多いので単に目を合わせづらいのかもしれないけれど、並んで座った2人組が同じ方角をじっと見つめて会話する姿はちょっとシュールだ。

フランス人は、目と目をしっかり合わせて会話をするし、それだけじゃない。「人見知りって、何？」というほど、誰かれかまわず気さくに話しかける。当然男性たちは、ナンパも得意。結果はどうあれ、気に入った子がいれば、なんとか理由をかこつけてアタックしていく。女性たちは、そこまでオープンではないけれど。

その点、日本の男性はナンパがあまり得意ではないのかしら？　とくに外国の女性をナンパしている日本人には（酔っぱらいでもないかぎり）、ほとんどお目にかかったことがない。

いわゆるラテン系の国、イタリアやスペインを旅行すると、むこうの男性はあいさつ代わりにナンパをしてくる。ところが日本の男性は、外国人に遭遇してもナンパをしないどころか、むしろ、「おっと、逃げろ！」とでも言いたげな感じ。文化そのものが、かなりちがうようだ。もしかしたらラテンの国並みに積極的な日本人男性もいるのかもしれないけれど、少なくともまだそんな男性は、日本では見かけたことがない。

フランス人男性は、本当にロマンチストなのか？

対照的に、日本の女性は外国人との恋愛に積極的だ。この国にやって来るフランス人男性は、みーんなモテモテ。フランスでも同じようにモテていたかどうかはべつとして……。

わたしのまわりにも、数えだしたらキリがないほどモテモテ・フランス人がたくさんいる。AFP通信社の同僚だった男性記者2人もそうだった。彼らは日本にやって来たとき、たしかにシングルだった。それが半年後にはそろって日本人女性と結婚し、1年もたたないうちに1人目の赤ちゃんが誕生。さらに4年後、彼らは奥さんとそれぞれ2人の子どもをつれて、フランスに凱旋帰国していった。

日本人女性の目には、どんなフランス人も後光が差して見えるのかもしれない。

「フランス人は紳士でロマンチスト」

そんなイメージだけが先行して、魅力が何倍も底上げされているかのよう。ときどき、まるで磁石に砂鉄が引き寄せられていくみたいね……と思う。逆に日本人女性がフランスに来たとしても、到着して翌週にはフランス人のボーイフレンドが見つかるんじゃないかしら。

ところが、日本に住むフランス人女性（欧米人女性、つまりわたしのことね）は、運に見放されている。そもそも近づいて来てくれる男性の数が圧倒的に少ない。実際に声をかけてくれる男性は、残念ながらもっと少ない。実際、まわりの日仏カップルを見渡すと男性側がフランス人で、女性側が日本人という組み合わせが圧倒的に多いようだ。

じつは東京に暮らす多くの欧米人女性はかなしい思いをしている。「どうしてわたしは女性としてみられないのかしら……」と悩み、単に文化のちがいのせいだと気がつくまで、ひとりワンルームで絶望しているのだ。

一般的に日本の男性は、欧米人女性との恋愛なんて「ありえないこと」だと決めつけているようだ。欧米の女性は、感情的だから？

日本にいる欧米人女性は
落ち込んでいる？

ズケズケとものを言いそうだから？　自信満々で自立をしていて、自由奔放そうだから？　いろいろな先入観のせいで恋愛対象と思えないのかもしれない。こんなイメージを持ったまま欧米人女性を目の前にしたら、たしかに自分の存在が小さく思えてしまうだろう。これでは、いつまでたってもナンパなんてしてくれそうにない。

草食系の日本人男性は「チャーミング」なのに！

こうした日本人男性の繊細な面は、３６５日いつでも自信満々なイタリア人のようなラテン系男性とくらべたら、ある意味チャーミングなのだ。しかし、なんて残念、なんてもったいないのだろう。何事も、試してみなければわからないのに。

わたしだって夫と出会ったときには、思いきって自分から最初の一歩を踏み出した。永遠に待つなんてごめんだと思ったからだ。

そもそも日本の男性は、恋愛そのものに消極的なのかもしれない。たとえばエレベーターに乗るときも、考え方によっては出会いの絶好のチャンスなのに、何もせず、じっと黙ったままだ。「エレベーターの中で会話をすることは禁止」ではないですよね。

電車内でのお決まりの沈黙の中からも、運命の恋は生まれそうにない。しかも乗客たちはスマートフォンをのぞいてばかりだ。

勇気を出して、今の夫を見つけたわたしだけれど、思い返してみると、それまでも日本人男性との交際では、いつも自分からきっかけをつくっていた気がする（別れをきり出すのも毎回わたしからだったけれど）。フランス人との恋愛では、いつもその逆だった。

日本の男性がイタリア人ほどナンパをしないのは、自分になかなか自信が持てないからかもしれない。もしかすると、失敗をしたときのまわりの目が、こわいのでは？

フランスには、社会全体にもっと自由な空気が流れていて、異性にも気軽に声をかけやすい雰囲気がある。たとえ結果がダメでも、長続きしなくても、みんなあまり気にしない。失敗も人生の一部ととらえて流すことができる感じだ。

ソウルメイトを一瞬で見つけることなんて、できっこないもの。だからといって探すことをあきらめるのではなく、あえて、どんどんチャレンジしていくのがフランス人。

その点、日本は社会全体の空気がやや不寛容だ。まわりの目がきびしいと思い込んでしまう。一度の失敗すら経験したくないと思っているのかもしれない。さらに、勤めている会社の大きさや肩書きなど、表面的なことが重要視されすぎて、日本の男性は自由な生き方をしにくい傾向があると思う。特に優秀なサラリーマンほどその傾向が強く見える。

誰でも、1度や2度くらいパートナーを間違えてもたいしたことはないのに。失敗も練習のうち。それに失敗から学べることはたくさんある。人間関係についてはもちろん、自分のセクシュアリティや好みについても。

「ナンパ」ほど、いい練習の機会はない

自信は空から降ってはこないし、失敗を恐れていては、なにもはじまらない。

こればっかりは、誰にでも生まれつき備わっているものではなく、人間関係の中で、トライすればするほど磨かれていくもの。相手の出方をよく観察して対応していく、「マニュアルはなし」「出たとこ勝負」のナンパは、若者にとって格好のエクササイズじゃないかしら？　経験をかさねることで、きっと仕事でも人間関係でも、将来役立つ多くのことを得られるはず。学校や大学では教えてくれないけれど、恥をしのんでとにかく実践をかさねるほど、うまくなると思う。

そうそう、失敗は成功の元というけれど、のちのち話のネタにも使えます。記者になってから、なんと2度も憧れの坂本龍一に会うことができたわたし。会見のあとで、彼はわたしをナンパ……してくれなかった。とっておきの笑顔でアピールしたのに！

何かと男女別々な日本人、やたらとカップルで動くフランス人

「Couple（カップル）」「à deux（2人で）」「ensemble（一緒に）」など、フランスには男女のペアをあらわす言葉がいろいろとある。どれも日常の暮らしに欠かすことのできない表現だ。

フランスでは、カジュアルなディナーにも、フォーマルなパーティーにも、もし誘われたら、男女どちらに声がかかってもパートナーをつれて出席するのが常識。1年間パリで暮らしたことのあるわたしの夫も、あちらではよくホームパーティーに誘われたらしい。でも独り身だったから、いつも1人でのほほんと参加していたそう。帰国してから「フランスの常識」を知り、「そういえば自分以外の客はみんなカップルだった！」と愕然としたとか。

ところが、日本に住んで以来、わたしは逆のカルチャーショックを体験している。日本では友達どうしで集まるときにも、パートナーをつれていけない。独身の人間だけでなく、既婚者までもが、1人で参加している……。しかも男性は男性だけで集まり、女性は呼ば

れないことが多そうだ。逆に、女性が集まる会では、ほとんど男性を見かけない。もしフランスでパーティーを企画したら、たとえそれが会社の集まりであっても、招待状を書くときに忘れてはいけないフレーズがある。

それは、〈パートナーとご一緒にどうぞ〉。

日本でわたしが同じことをしたら、常識がないと思われてしまうかも。たとえばフランスの結婚式で、ご夫婦や婚約中のカップルにたいして、どちらか片方しか呼ばないなんてことはありえないのだけれど、日本ではむしろ、それがふつうのことのようだから。

見えない壁があるの？　喫茶店の中にある男女スペース

結婚式やパーティーだけではない。日本にいると、何かと男女が別々にされているのを目にして驚いてしまう。何も、プールの更衣室やトイレまで一緒でなければおかしい！と言いたいわけではないけれど……（それはフランスでもちゃんと別々です）。

たとえばレストラン。まるで「こちらは男性用スペース」、あちらは「女性用スペース」と、店内が見えない壁で仕切られているみたいに、男女の座っている席が分かれていることがある。店側も習慣的にそうしているだけなのだろう。でも、どうして？　男女は混ざっていてこそ自然なのに。女性しかいない喫茶店や男性だらけの居酒屋も多くあるのはどうしてかしら。

息子の保育園でも、よくあるパパ会やママ会などの集まりは、素敵なことだと感じる反面、「え！　また別？」と、ショックを受けることもある。フランスなら、両方が参加できる会にするはず。あらかじめ性別を指定して、ママはＯＫ、パパはＮＧと、設定されてしまうことはまず考えられない。もちろんフランス人にも、女友達だけで集まりたい気分のときもあり、そういうときに男性は呼ばない（つまり女性だけで、ちょっとハメを外したいような気分だから）。同じように男性にも、男どうしで集まる日はあると思う。

合コンや街コンはあるけれど

ところで、日本の若者は、出会いの場に恵まれていないらしく、そのせいで結婚できない人も増えているとか。そんな話題を耳にすると、無理もないなと思ってしまう。だって、こんなにも、男女が別々にされているんですもの！　おたがいのあいだに距離があっては、出会いも結婚も生まれないに決まっている。

それでも、日本には合コンや街コンがある！　と、み

日本中どこでも見かける女性グループ

なさんは言うかもしれない。たしかにそれも、1つの手。でも人間は機械じゃないから、スイッチ1つで「出会いモード」をオンにしたり、オフにしたりするのは、むずかしいのではないかしら。本当に出会いや恋を求めるのなら、誰かに用意されたプログラムに参加するよりも、自然の流れのなかで、異性と時間を共有することをすすめたい。

「レディースデー」は少子化につながりませんか？

それから男女別々といえば、もう1つ。日本のお店によくある女性だけが対象のキャンペーン……。あれにはいつも首をかしげてしまう。〈女性割引〉なんて、性差別スレスレ。差別のことは別にしても、単純に考えて、男女が別々に行動して出会わないよう、しむけているようなサービスだ。

ホテルや居酒屋、映画館まで、〈女性割引〉や〈レディースデー〉さらには〈おひとりさまプラン〉などを設けてしまったら、出会いはますます遠のいてしまうし、それは日本社会にとってマイナスでしかないはず（出会いの場が減って晩婚化がすすんだら出生率も下がってしまうわ！）。いっそ、禁止にしてみては？　最近は、市町村が企画する街コンなどもあるようだけれど、だいじな予算をつぎこむくらいなら、むしろ、女性限定サービスを禁止にしたほうが、効果がありそうだと思ってしまう。

男女の居場所や、役割のちがいがこんなにも目立ってみえる日本だけれど、とはいえ、それも、もともとの風習や文化的な背景あってのこと。すべてを無視して、日本社会のやり方に反対しているわけではない。

ただ、男女分けることを、日本人の多くは、誰も不思議に思わないようだから、驚くばかりの毎日なのだ。ここまでバラバラになっていたら、出会い1つをとってもたいへんな努力がいりそうね……と感じている。

フランスには女子校がたった50校！

たとえば学校制度からして、日本とフランスではだいぶちがう。

東京ではナントカ女子学院、ナントカ女子大学、ナントカ女子学園など、女の子だけが通う学校が、いたるところにある。男子校もたくさん見かける。ところがフランスでは、パリでも地方でも、共学以外の学校を見つけるのは至難の業。

じつは、フランスの学校は基本的に男女共学があたりまえで、日本のように、女子校や男子校などの男女別学制は、私立の学校のみに許されている特権なのだ。そのうちのほとんどが、カトリック系の私立校で、宗教的な理由から、男女を分けて教えている。197

5年に男女共学を一般化する法律も制定された。

「思春期の子どもは、男女は別々に教育すべき」なんて主張や、男女共学を批判したりする声もあるにはあるけれど、実際には法律のできた75年当時からすでに、共学が一般的だった（かつてはフランスも男女別学が多く存在したことは、石造りの校門の名前に刻まれたエコル・ド・ギャルソンだとか、エコル・ド・フィーユなどの名前からわかるが、その多くが共学化に舵《かじ》を切った）。

現在、フランスに存在する女子校は人口6500万人（6万368校）にたいして、ほんのひと握り、わずか50校しかない。

友達グループをつくる習慣がないフランス

それに、日本とフランスでは学校制度だけでなく、人づきあいのスタイルもだいぶちがう。日本人は、わりと同じ場所に通う人間どうしが仲良くなり、グループをつくる傾向があると思う。学校や職場が同じだったり、あるいは共通の趣味があったり、年齢が近かったりして共通点が見つかると、友情が芽生えやすいようだ。

だから男女別々に集まるとしても、不思議ではない。性別もまた、グループを分ける特徴の1つなのだろう。男か女かというのは、パッと見て判断できる、わかりやすい特徴だから、どんな場所でも、その場に何人いようとも、性別でグループをつくるのが誰にとってもフェアな感じがするのかも。同性どうしなら、共通の話題も見つけやすい。

ところがフランス人には、そもそもあまりグループをつくるという習慣がない。基本的に性別は気にせず、直感で仲良くなれそうな人間を見つけて、自然に友情が生まれていくという感じ。

そのせいかもしれないが、日本とくらべて、社会から「理想の女性像」や「あるべき男性像」を押しつけられることも少ないと感じる。ついでに言えば、年々増加しているホモセクシュアルのカップルも、社会的に、ヘテロセクシュアルのカップルたちと変わらない扱いをうけている。

家でも、ついフランス人的な癖で、「そのパーティー、パートナーも同伴？」と訊いてしまうわたし。ところが彼のほうも影響をうけているのか、だんだんと同じ調子で訊いてくるようになった。そう、つまりは習慣の問題なのだ。女性の力で男性は変われる。みなさんも行きたいパーティーには「一緒に行く」に徹しません？　カップル文化は独身者には地獄に思えるかもしれないけれど、そこが出会いの場になることもありうるのだから。

女の子に縁のない男子グループ

口癖は「出会いがない！」の日本人、偶然の出会いを引き寄せるフランス人

またもや、日本のびっくりする統計を目にした。

「株式会社リクルートが運営するブライダル総研が20代〜40代の未婚の男女２４７８人に、〈異性との出会いがあるか〉を聞いたところ、男性では『出会いがない』が55・７パーセント、『出会いがある』が16・６パーセントでした（『どちらとも言えない』は男性27・８パーセント）。一方、女性は『出会いがない』57・６パーセント、『出会いがある』が19・７パーセントでした（『どちらとも言えない』は女性22・７パーセント）。男女ともに過半数が『異性との出会いがない』という結果です」

20代〜40代といえば、魅力も体力もじゅうぶん備わっている年代だ。とくに事情があって外で働くことができなかったり、ひきこもっていたりするわけでもない、フツーの大人たちが、そこまで出会いに恵まれていないなんて、信じられない……。もしフランスで同

じ調査を行ったら、まったくちがう結果になるだろう。

一方で、このアンケートに回答した日本の人々のホンネも、想像がつくような気がする。おそらく、出会いがないというのは、すぐにでも結婚につながるような、理想の条件を満たす相手が見つからない、と言いたいのでは？

理想の結婚にこだわらず探してみれば、いくらでも出会いのチャンスはありそうなもの。日本のシングルの方々が恋人を見つけるためのヒントは、そこにあるのではないかしら。

ガードがカタいのはなんのため？

ヒントといえば、出会いにかなり積極的なフランス人とは対照的に、日本には、男女ともに、慎重で奥ゆかしく、受け身なタイプが多いと思う。ある意味、ガードがカタいというか……。何ごとにも慎重に取り組む姿勢は悪いものではないけれど、恋愛の場合、その傾向がつよすぎると、かえってチャンスを遠ざけてしまうこともあるかもしれない。

反対にフランス人は、職場でも、他の場面でも、相手のファッションやヘアスタイルを、いいなと思ったら、積極的に口に出して褒める。

たとえば、

「その服、君によく似合うね」

「ヘアスタイル変えたの？　素敵だね！　今度いっしょに、お昼でもどう？」

「あなたっていつもオシャレよね。そのヒゲもセクシーだわ」

などなど。相手の見た目を褒めても、セクハラだと騒がれることはない。むしろ、他人の服装やヘアスタイルにたいして、きちんと感想を伝える行為は、大切な習慣だとされている。もちろん、女（男）たらしと呼ばれるほど誰かれかまわず誘うような場合は、別にして。

褒めることは、フランスでは恋愛のきっかけなのだ。こうした一言や気遣いが、日本では通用しないようだ。同じことをしたら、恋愛どころか最悪の場合、相手から嫌がられ、逃げ出されてしまうかもしれない。

突然、「その本、面白そうですね」と話しかける

じつはフランスでは、見ず知らずの相手にも、公共の場で居合わせたらふつうに声をかける。日本ではだいぶ勝手がちがうので、わたし自身、いまだに戸惑うことも多い。

想像しにくいかもしれないけれど、パリのメトロでは、隣の人が読んでいる本が面白そうだと思ったら迷わず声をかけ、感想までたずねる。これは、非常識どころか、フランスで見られるとても自然な光景だ。すれちがいざまに人と目が合えば、おたがいに微笑み合

知らない人に話しかけるのが普通のフランス
地下鉄で
その本
おもしろい
?
カフェで
その新聞
読み終わってる
なら借して!
美術館の前で
タバコの
火ある?
ナンパ目的半分、本当に用事がある時半分

うのがふつうだし、時間を知りたければ、「すみません、今、何時ですか?」と、そばにいる誰かに、気軽に声をかける。

それから、カフェなどで、隣の席のお客さんと、一言、二言交わしているうちに話が弾んで、知らずしらずのうちに会話を楽しんでいたなんていうのも、よくあること。

フランス人にとって、毎日は、他人とのふれあいや、〈偶然の出会い〉であふれている。そのほとんどが恋愛にまでは発展しないけれど、そこから男女のおつきあいが始まることだって、ときにはある。

休暇の少ない日本ではむずかしい話だけれど、フランスには、年に何回か長期の休暇をとって旅行にでかける、バカンス（長期休暇）の文化がある。日常を抜け出してのんびりと自由を満喫することができるバカンス中には、やっぱり出会いも生まれやすい。

お国柄、フランス人ほど大胆にバカンスをとるわけにはいかないだろうけれど、本当は日本人も、もっと休暇に出かけられればいいのにと、残念に思う。

初対面で一夜をともにしたことのある人の割合

また、日本人は、決められたレールから外れるのが不安なのか、恋愛相手まで、理性で選ぼうとしているようにも見える。一定のレベルに見合わない相手を好きになるのが、そんなにこわいのかしら？　過剰なほど相手の条件（肩書きや収入など）にこだわる風潮も、日本ならでは、という感じだ。

フランス人は肩書きや収入よりも、フィーリングを優先する。その証拠に――これは、わたしよりも読者のみなさんのほうがびっくりすると思うけれど――２０００人を対象にした、とあるアンケートで、なんと44パーセントものフランス人が、初対面の相手と一夜をともにした経験があると回答している。この数字を見たとき、わたしは、「日本だったら、結果はくらべものにならないほど、低い数字になるはずだわ。賭けてもいい！」と思った。

ただ、ここで一言、フランス人はアンケートなどで正直に答えない傾向があるということを付け加えたい。セックスに積極的であることはフランス人にとっては「自慢したい」ことの1つなのだから。

とにかく普通に暮らしていれば（仕事も、趣味も、外出も、バカンスも）、出会いがないなんていいわけはできないくらい、いくらでも恋愛のチャンスはあるはずなのに……と、残念に思う。毎日の生活のなかで、わたしたちはたくさんの人とすれちがっているのだから、失敗や後悔をおそれる必要などないし、もっとおたがいが自由に会話を楽むことから始めればいいのではないかしら。

出会い系サイトが人気のフランス

ちなみにフランスでは、男性でも女性でも、誰でも一度は「ラトー」を経験している。ラトーとは、フランス語で「フラれる」という意味の言葉だ。でも、たとえラトーを経験しても、すぐにまた立ち直って、次の相手を探せばいいだけのこと。

じつは今、フランスの多くの独身者が、インターネットの出会い系サイトを積極的に利用しはじめている。いよいよフランスでは、「出会いがない」という言葉が通用しなくなってきているのかもしれない。

調査団体のIfopによれば、2012年の時点で、なんと、平均して40パーセントものフランス人が、出会い系サイトを利用したことがあると回答している。8年前の調査結果の3倍だ（2004年には14パーセントだった）。フランス国内にかんしていえば、出会い系サイトに対するあやしいイメージは、もはや時代遅れと言えそうだ。

50〜60代での調査結果のみに注目すると、女性の利用率が若干下がるものの（33パーセント）、同世代の男性は、ほぼ2人に1人が利用したことがあるとのこと（47パーセント）。現在では、フランスの独身者のうちの19パーセント、つまり約5人に1人が、インターネットを利用して交際相手を探しているという。

これだけ利用者が増えているということは、ウェブから誕生したカップルが親戚に含まれていても、不思議ではなくなってくる。実際に、わたしのいとこもそうだ。彼女はインターネットで知り合った旦那様とのあいだに女の子を授かり、現在幸せに暮らしている。Meetic（ミーティック）という出会い系サイトのおかげで誕生した立派な3人家族だ。

日本の出会い系サイトにあって、フランスにないもの

日本では、過去に、出会い系サイトを利用した悪質な事件がいくつも起きているので、こうしたサービスへの偏見もまだまだ多いかもしれない。だから、あくまでも常識的な利用にかぎっての話だけれど、出会い系サイトの利用方法にも、わたしは、日本とフランスの決定的なちがいを見つけた。

それは、登録用のプロフィール欄に設けられている項目や検索のためのキーワードなどに「収入」がしっかり存在していることだ。

フランス人がインターネットで交際相手を探す場合は、日本人のように相手の収入の額なんて、ほとんど気にしない。その理由は、恋愛相手イコール結婚相手ではないからだと思う。いろいろと恋愛をしてみて、そのなかで、うまくいった相手が人生のパートナーの

候補として残っていく……。そんなイメージだ。結婚を考える段階になれば、収入も重要なポイントになるけれど、フランスでは、むしろ結婚の前に、いくつもの恋愛を楽しむことがあたりまえで、世間の目を気にすることなく、独身でいたいだけ独身でいられるような空気がある。そこが、ある意味、結婚というプレッシャーを背負わされている日本の独身者たちとはちがうのだろう。

フランスの出会い系サイト「Elite Rencontre」内で、心理学者のサラマ・マリーン氏はこう語っている。

「現在は、独身者の数が非常に多くなってきているため、独身でいること自体は恥ずかしいことでも、なんでもありません。むしろ独身者層の声そのものが、ひと昔前とくらべて、はるかに重要視されつつあると感じます。社会全体が、独身の人々の活躍や動向を、あたたかく見守っていると言えるのではないでしょうか」

この言葉のとおり、独身者にとって大切なのは、罪悪感を持たないこと、そして、世間の目を気にせずに、もっと自由を満喫して、積極的に人と交わっていくことではないかしらと思う。

結婚するのが目的の日本人、恋愛できればなんでもいいフランス人

「相手に求める条件は年収500万円です」

テレビの「お見合いバラエティ」で平然と答える女性を見て私は耳を疑った。

そして、「結婚できない人をゼロに！」「結婚につながる婚活とは？」「35歳までに結婚するには」……。電車や雑誌の広告に躍るこうした宣伝文句を見かけるたび、ギョッとしてしまう。結婚が、ある種のゴール（目標）として設定されているみたいだ。

これではまるで教習所か進学塾のCMのよう。就活や運転免許と同じように、企業は婚活の〈学校〉となって、自分たちが提供するサービスや結婚率の高さをアピールしている。名門校や大企業を目指すのならわかるけれど、結婚は、もともと学校に通って目指すようなものではないはず。気持ちがともなわなければ結婚などできないし、こころをコントロールするなんて、むずかしい話だ。

日本に来てからわかった、フランス人と日本人の大きなちがいがある。

夫婦（カップル）での生活をすばらしいものと考えているフランス人は、2人での外出を好み、人前でも家でもイチャイチャするのが大好き。日常的にパートナーとのスキンシップを欠かさず、肌が触れ合うことによろこびを感じながら暮らしている。彼らは結婚しなくてもいいと思っているのだ。

一方、日本ではパートナーとの食事の時間や、ベッドや布団をともにするといった夫婦の生活の中身よりも、結婚しているかどうかの事実、つまりこれ見よがしに「わたしは結婚しています」と言ったり見せたりできることのほうが大切に考えられているようだ（逆にいえば、独身者は未婚であることを恥ずかしく思ったり、嫉妬したりする）。

ある日本人セールスマンは、シングルなのに結婚指輪をしているそうだ。そう、結婚していることが仕事上、その人の信用度を高めているようなのだ。

結婚は「達成すべき目標」なの？

日本人にとって結婚とは、「なんとしてもクリアしたい」「達成したい」1つの目標なのかもしれない。だから、婚活サービスに大金をはたくこともいとわないのだろう。提供する側の企業は、そんな人々の心理をよくわかっていて、そこに市場を見込んでいる。

「結婚したい」と望む気持ちを否定しようなんて思わない。実際に、結婚はすばらしいものだし、求めるだけの価値があるもの。でも、たとえ結婚までにいたらなくても素敵な恋愛はたくさんできるのに、そうした機会を棒にふってまで一目散に結婚を目指すのは、はたして自然なことかしら？

結婚よりも大切な「2人の生活」

少なくともフランス人にとっての結婚はもっとシンプルなものだ。つよい愛で結ばれた男女が、結果として夫婦になる。もしくは、愛情の証として相手と生涯をともにしようと、夫婦になる。それだけのこと。だから、日本人ほど結婚にたいする義務感も感じていない。

実際フランスには、籍を入れずに事実婚のまま長年つれそうカップルも多い。彼らが大事にしているのは、あくまでも2人の生活、愛し合う気持ち、そして、セックスライフの充実だ。本人たちにとっては、結婚していても、いなくても、大差がない。また、家族や友人など周囲の人間も、入籍をしていない2人に、とやかく言うこともない。公的に籍が入っていようがいまいが、社会的にもふつうの夫婦と変わらない待遇を受けることができる。

フランスより日本のほうが高い「結婚率」

２０１５年、フランスでは全人口約６５００万人のうち、23万１０００組の男女が結婚したと発表された（同性婚が、さらに１０００組）。平均年齢は、日本の統計結果よりも若いそうだが、フランスの約２倍の人口を誇る日本の統計をみると、じつはフランスの約３倍の数の夫婦が同じ年に誕生している（２０１５年時点で63万５０００組）。

平均年齢がフランスよりも高く、日本では晩婚化が進んでいると言えるが、フランス人よりも日本人のほうが、だんぜん結婚率が高いことがこの統計からわかる。

一方、２０００年以降のフランスでは、同性婚をのぞくと結婚率が少しずつ低下している。ＩＮＳＥＥ（インセ）こと、フランス国立統計経済研究所の調査によれば、若い世代のフランス人は前の世代とくらべてあまり結婚しない傾向にあるとのこと。男性では平均32・３歳、女性が30・５歳と、平均初婚年齢も上がってきているそうだ。

フランスにはかつて〈聖女カトリネットのお祝い〉といって、25歳を過ぎた独身の女性を半分からかいながらお祝いする伝統的な風習があったけれど、これも現在ではすたれてきてしまった。日本と同様、現代フランス人の寿命は延びているから、25歳という年齢は、結婚するにはまだまだ若い。

何事も気を急いては、いい結果を生まない。けれど日本人は、そのリスクをおかしてでも婚姻届に判を押してくれそうな〈ソウルメイト〉を求めて、婚活サービスを利用する。

出会いを求めてアクションを起こすのは大切なことだと思う。フランスにもその手のエージェントやウェブサイトはある。しかし日本人とはちがい利用者は結婚相手ではなく純粋に出会いを求めてやってくる。ほかの出会いには目もくれず、夫か妻になる人だけをつかまえようと突進したりはしない。

フランス人は、もしかしたら頭の隅に、作家エレン・ケイによる的を射た次のフレーズを記憶しているのかもしれない。

「結婚にいたらずとも、愛とは常に道徳的なものです。愛のない結婚のほうがよほど非道徳的です」

日本の電車で目にする婚活サービスの広告では、成婚率ばかりがアピールされている。

愛や道徳よりも、数字のほうが重要だといわんばかりに。いくら数字に夢をみても、結果的にはエージェントに無駄なお金をついやした自分を後悔することになるかもしれないのに。

異性との出会いで大切なのは、もっと直感的なこと。目の前の相手にたいして、特別な感情が芽生えたり、こころが自然と動かされたりすることなのだから。

わたしのなかに「結婚」なんてなかった

じつは、わたしが結婚したのは41歳のときだった。もし35歳の自分に、「今から5、6年後、あなたは結婚すると思う?」と訊いたら、「まさか」と即答していただろう。39歳で彼と出会ったのだけど。

当時、独身仲間で仲のよかった女性と、日本のあちこちで婚活ポスターをみつけては、自嘲したりしていた。

ところが婚活サービスを利用していたわけでもないのに、実際にわたしは結婚することになった。理由は単純、恋に落ちたからだった。彼と出会ってすぐ、この人は、「生涯の伴侶」だと思った（クサい表現だけれど、まさにそんな感じ）。実際に入籍する前、フランス

にいる妹に送った彼の写真に、こんなメッセージを添えたことも覚えている。
「彼が〈その人〉よ。できるだけ長く一緒にいたいと願っているわ」

もしも2人の出会いがフランスだったら、結婚していたかどうかはわからない。フランス社会で暮らしていたら、状況もちがっていたかも。実際は出会って2年後に妊娠したので、自然と入籍することになった。日本にいたからこその「流れ」だった思う。入籍したこと自体は後悔しているどころか、その反対で、むしろ今のわたしは、日本でもフランスでも、子どもができたら結婚したほうが何かといいのではないかしら、と感じている。

たしかにフランス人のあいだでは、結婚にたいするイメージが低下しつつある。結婚は、人生でもっとも美しい約束の1つだと思うのだけれど。

驚きの連続！　日本の「ブライダルサービス」

とはいえ日本の結婚がこれほどまでに「商業化」されてしまっていることも、残念だ。自然にそうしたいと思えるからこそ美しい約束になるのに、ここまで商業化されては、そのよさがなくなってしまいそう。

たとえば結婚式。

わたしは日本の「ブライダルサービス」を利用して、ちょっと、いやかなり面白い体験ができた。彼との結婚が決まった後、興味本位で、友達にそそのかされるままブライダルサービスのところに行ったのだが、カウンセリングを受けてこちらのリクエストを追加していくたびに請求書の数字は予想以上、ものすごいスピードで金額がふくれあがっていった。わたしの髪に飾る花を2種類から4種類にすると、万単位で金額が変化していくのだ。これならわたしは式の当日、近所の花屋で買った花を、自分で頭に挿していったほうがいいくらいだ。

わたしたちの結婚式は用意周到で、秒単位に段取りがされていて、あっけに取られるほどだった。さすが1分も遅れず電車が次々に来る日本だ。そういえば、ウエディングプランナーは片手にストップウォッチを握りしめていたっけ。食事の途中、彼女はわたしの耳元でこうささやいたのだ。

「……4分遅れています。◯◯さんのスピーチが長すぎました」

何かを競うようにプランナーたちは時間通りにことを進めようと美しくきびきびと働いてくれた。事前の準備などをのぞけば、正味3時間のわたしの日本式〈結婚式〉だった。

一方で、フランスの結婚式はとても長く、時間の概念からは解き放たれているかもしれない。丸2日間を通して行われ、いちばんたのしいのは、教会や市役所での式が終わった後の、お祭り騒ぎの部分だ。音楽、ダンスが翌朝までつづき、仮眠をとった後、ふたたび夜がふけるまでパーティーはつづく。

結婚はすばらしい。でも社会の目を気にしてではなく、心からそうしたいと思ったときにだけ、するのがいい。誰かの目を気にして無理やりするようなものでもないのだから。

最後にみなさんへ、歌手で詩人、アンリ・サルヴァドールのこの言葉を。

「結婚がすばらしいわけではない。そのあとにつづく結婚生活こそが、すばらしいのだ」

アンリ・サルヴァドール著『La joie de vivre（人生のよろこび）』（未邦訳）より

セックスを「する」フランス人、セックスを「買う」日本人

この本を書いている2016年末、ひさしぶりに東京の秋葉原について取材をする機会があった。秋葉原は、今から15〜20年前、わたしがまだフリーランスのジャーナリストだった時代に、たびたび取材で訪れていたのでよく知っている。

そのころの取材の目的は、おもに、通信技術やデジタル機器情報を専門に扱うフランスの雑誌に、当時のニッポンの最新技術を紹介するためだった。

「JK」ってなんですか？

ところが、久しぶりの秋葉原はすっかりその姿を変えていた。

駅の出口には相変わらず「電気街」と大きく表示されているものの、もはやエンジニアパラダイスとは呼べない。フィギュアにゲームに漫画店、〈メイド〉や、〈JK（女子高生）〉のコスプレをした女の子たち……。まるでオタク文化の聖地だわ、と思った。

しかも改札からほんの30メートルしか離れていない場所に、アダルトグッズショップがあるなんて！　店の存在自体は否定しないけれど、さすがにショーウィンドーや店先の画面に映し出される露骨なイメージには、ショックを受けてしまう。わたしだけでなく、きっと多くのフランス人が、これを見たら同じような反応をしめすはず。

大人であれば、セックスの充実をはかるために、そうしたグッズを購入することもある。それ自体は特におかしいことだとは思わない。けれど、10代の若者や、子連れの家族までもが行き交うような場所に堂々とお店があるということに眉をひそめたくなってしまった。

アダルトグッズショップが町にふつうに存在

アダルトグッズショップの近くに、もう一軒いかがわしいお店があると思ったら、そちらでは、使用済みの女性の下着を販売しているらしい……。各階の品揃えの充実ぶりを宣伝するポスターが貼られていた。でも、なにも7歳の子どもでもすぐ目に入るような高さに貼ることはないのに。完全にアウトです。

これは実は、来日するフランス人、とりわけフランス人女性が、かならず驚かされ、ショックを受ける東京の特徴の1つだ。東京の街には、ポルノまがいのイメージが、びっくりするほどあちこちにペタペタと貼られている。とくに秋葉原、新宿、渋谷界隈を歩けば、そこらじゅうでそうしたポスターが目につく。ただのポルノならまだしも、児童ポルノのようなイメージが雑誌の表紙を飾り、コンビニにさえ置かれていることに、たいていのフランス人は疑問に思うのだ。

多くの女性は買いづらい

ほかにも秋葉原では、なにやらメイドや女子高生の恰好をした女の子たちが、道ゆく男性を勧誘している……。この光景にはびっくりしてしまった。声をかけられた男性たちは、小径の奥や、あやしげな店へとそのまま連れられていく。

もしかするとそこは、ただ会話を楽しむだけの「メイド喫茶」なのかもしれない。それでも、コスプレをした女の子に男性が連れて行かれるという光景そのものが、あまり穏やかではないし、あらゆることを詮索されてもしかたがないと思う。

彼女たちはみな、幼い見た目の子がほとんどで、ハタチを過ぎているようには見えないのだ。ともかく若い女の子ばかりが表に出て仕事をしている（男の子はほとんど見かけない）ということ。当然、店の奥の見えない場所には大人の男性が存在しているのだろう。別に、かまわないといえばかまわない。けれどもう少し配慮がほしいところだ。

ところで日本に来てからというもの、この国では「売り物としてのセックス」と、「実際のセックス」とが、まるで別物として切り離されているようで、わたしはずっと気になっている。

秋葉原の例のように、ここまで性的な商品やビジネスがあけっぴろげに展開されている一方で、日常的に日本人がセックスそのものについて会話をしているかというと、そうではなく、むしろ、どこかタブーとして遠ざけられているようなのだ。

日本の子どもたちも、性教育的な内容であれ、実際のセックスについてであれ、自分の親と性の話をすることは、ほとんどない。

政治もセックスも同列に語るフランス人

政治について議論を交わすのが好きなフランス人は、政治と同じくらい、日常的に、セクシュアリティについての話にも熱心に花を咲かせる。

たとえば、政治の話をするときには、自分と相手の主張が異なっていても遠慮なく意見を交換する。そしてセックスにかんする事柄も、ふだんの会話の延長として、当然のごとく友人どうしで話題にする。そんなときにはフランクに、かといって、妙に意識することもなく、おたがいの性生活について意見を交わしたり会話を楽しんだりするだけ。必要以上に下品になってしまうこともない。

日本では、政治の話もセックスの話も、どちらも話題として触れにくいような感じがする。『an.an』などの雑誌が、セックス関連のきわどい特集を組むことがあるにはあっても、あくまでも、「人前ではおおっぴらに話せないことが雑誌の特集になっている」という印象だ。

アイドルとは付き合えないのに

それから、フランス人のわたしには、自分より下の世代の日本人男性たちが、アイドルに恋をして、彼女たちを追いかけるだけで満足している姿にも、目が点になってしまう。いくら真剣にアイドルに恋をしても、彼女たちはヴァーチャル世界やアニメの住人と変わらない。実際に触れることができない女性なのに……。アイドルに恋することを非難しようとは思わない。ただ、それだけで満足できる大人がいることが、単純に信じられない気持ちだ。

事実、セックスは、肉体的な快感（プラス精神的な満足やよろこび）をもたらしてくれるもの。そして、それ以上に、人間にはそうした触れ合いが欠かせないと思うのだけれど。

「セックスレス」を公言できないフランス人

日本には、めったにセックスをしない（もしくは、まったくのセックスレス状態の）夫婦も少なくなく、なかにはそのことを、堂々と人前で口にする夫婦もいる。じつはこれも、わたしたちフランス人の目には、とても不思議に映っている。

たいていのフランス人にとって、セックスをすることは、自然の一部とも言える行為で、生活と切り離しては、とても考えられない。

もちろんフランスにも、セックスをしなくなってしまう夫婦はいるものの、逆にそういう場合は、あきらかに2人のあいだに問題があるせいでセックスレスになっているので、人前でそのことを口にしたりはしないのだ。

2人のうちのどちらかに愛人がいる、もしくは、両方に（！）秘密の恋人がいることが多い。だから最悪の場合、その夫婦はそのまま別れてしまう。フランスの夫婦とっては、セックスレスの状態イコール異例の事態。堂々とセックスレスを公表できるなんて、本当にびっくりだ。

フランス国立人口統計学研究所（通称Ined）が調べたところによると、2008年の時点で（これが最新の調査）「過去1年間、1度もセックスをしていない」と回答したフランス人は、女性のうち全体のおよそ11パーセント、男性では約7パーセントだそうだ。セックスをしていないと回答した人間のうち大多数が独身者で、既婚者の割合は、回答者のうち、わずか2パーセント。

さて、日本では？

2014年の半ばに行われたmy News Navyのアンケートを参考にすると、「過去1年間、1度もセックスをしていない」と回答した人の割合は、全体の20パーセントにのぼるらしい。アンケート対象者はみな、既婚者だったということだ。

わたし自身は、この数字について、個人的に批判したい気持ちはなく、日仏間のちがいとして受け止めている。ただ、20パーセントの人がセックスに関心がないとするなら、日本の少子化問題はまだまだ解決には遠いような気がする。

colonne 1

「ラブホテル」がある……さすが日本！

わたしが日本に来てから、とくに衝撃を受けたサービスが４つある。これらのサービスを目にしたとき、フランスとのちがいに、とてもびっくりした。

その１、鉄道サービス。本数の多さと運行の正確さ、そして、なんといっても清潔さはすばらしい（！）。

その２、コンビニ。右を向いても左を向いてもコンビニ、というくらいの数の多さ。店内にはなんでも揃っていて便利で、いつでも清潔。品物を切らさない徹底したサービスとそれを支えるロジスティクスもすごい。

その３、宅配便。正確さ、接客のすばらしさ、そして提供するサービスのヴァリエーションが驚くほど多岐にわたっている。

そして４つめが、ラブホテルだ。

この４つのサービスはもちろんフランスにはない。まさに日本の国民性が生んだサービスの賜物。ただ、よく考えると、すばらしいのと同時に、そこから日本人の欠点も浮かんでくる。「不安」はすぐに解消しなければ、安心できないという点だ。

鉄道サービス、コンビニ、宅配便、ラブホテルの４つのサービスに共通するのは、日本人のサービス精神だと思う。日本人にとって日常生活は、これくらい便利でなくてはならないのだろう。会社や組織はいつだってパーフェクトに機能しなくてはならず、いつでもどこでも、必要なときに必要なニーズが満たされなくてはならない国、それが日本。だからこそ生まれたのが、これらのサービスではないかしら。

フランスにコンビニはない

そもそもフランスの電車は、時間通りに来ないことは、しょっちゅう。鉄道会社はよくストライキを起こすから、そのせいで電車が運休になってしまうこともしばしばだ。車内もホームも清潔ではないし、職員も運営体制もあまりきちんとしていない。たまに危険な目にあうことすらある。

ではコンビニは？　フランスにコンビニはない。コンビニの代わりになるような24時間営業のスーパーマーケットもない。

それから宅配便。クロネコヤマトや佐川急便のようなサービスも、残念ながらない。物を送りたい場合、フランス人は郵便局を利用する。しかし、こちらもストライキを起こしてサービスが停止してしまうことがたまにあるため、サービス精神のほどは疑わしい。職員も、態度がわるかったり不親切だったり。

そして、やっぱりラブホテルもフランスにはない。もちろん、通常のホテルでセックスをすることはできる（誰も禁止などしていない！）。けれど、日本のラブホテルのように、そのためだけに建てられたホテルは存在しないのだ。

日本人がいかに人々の生活ニーズの１つひとつにたいして、几帳面に応えているかがよくわかる。そう、日本にラブホテルがあるのは、まさしく必要とされているから。ラブホテルとはどんなものか、実際に自分の目でたしかめてみる前から（もちろん行った）、わたしは「〈ラブホテル〉ですって？　これはまちがいなく、日本人のサービス精神の為せるワザだわ！」と感心していた。

フランス人はどこでセックスするの？

フランスのカップルがセックスをするときには年齢に関係なく、おたがいのどちらかの家に行くのが一般的だと思う。ラブホテルはないので、友人の部屋を借りてでも、なんとか場所をみつける。そして本当にどこにも当てがない……となれば、ホテルへ行く。

ところが日本には、はっきりと、そのためだけの場所、ラブホテルがある。そこですることといえば1つだ。ふつうのカップルも不倫のカップルも、みんなそのためにお金を支払い、一定の時間その部屋を借りる。

建物も、見た目にすぐそれだとわかる造りである。その中で何が行われているのかは、一目瞭然なうえ、入っていく利用者の姿も丸見えだ（隠そうとはしているが）。

日本では、フランスとくらべて、あまり恋人を自分の家に呼ばないのかもしれない。特に、まだ両親と同居していれば、呼ぶわけにもいかないだろう（フランスでは大人になっても両親と同居を続けているケースは日本より少ないけれど、不景気のためそういう人が増えている）。そう考えると、ラブホテルは必要。学生にとってはたしかに便利だ。不倫中のカップルにも、好都合だけれど……。

ホテルの名前が「ねんね」だなんて！

ラブホテルについて面白いと思うのは次の2つだ。

まず、ラブホテルの名前。変なものばかりだ。やたらとフランス語が使われている気がするのは気のせいかしら。HOTEL DoDo（DoDoは幼児向けの言葉で「ねんね」を意味する）、LUNE CLAIRE（明るい月）など、あまり意味のないチープな感じのネーミングセンス。「ふつうのホテルじゃない」とすぐにわかるものが多い。建物の外見も、独特の風変わりなデザインをしていて、見てすぐにラブホテルだとわかる。

愛情とセックスを分ける日本人

それともう1つ、興味深いのは……。ラブホテルは、セックスを売りものにしているサービスの代表格なのに、同時にそこに、恋や愛が存在している、という点。セックスを売ることと、セックスをすることの真ん中に存在するのがラブホテルなのだ。日本人がふだん他人には見せない感情（愛情）と、セックスをつなぐのがラブホテルという場所ではないかと思う。

ほかの国とくらべてみても、日本人はびっくりするほど愛情とセックスとを分けて考える傾向がつよい印象だ。だから自然とそういう場所が必要になるのかもしれない。

たとえば日本では、いたるところで、性的な写真やイラストを見かける。コンビニには、子どもからもじゅうぶん見える位置に裸に近い恰好の女性が載った雑誌が置かれ、新聞にさえ、肌を露出したアイドルの写真が掲載されている。まるで男性のファンタジーに応えるかのように……。

けれど日本人は、恋愛感情や愛情を、めったに人前で表現しない。日本人にとって、感情をあらわすことは恥ずかしいことなのだろうか。その反面、セックスは面白いほど幻想化されている（ラブホテルの甘ったるい感じの外装が、それをよくあらわしていると思うのだけれど）。

セックスが「日常」にあるフランス

フランス人は日本人とくらべると、もっとセックスに積極的だ。キスもスキンシップも遠慮なく、どんどんする。まあ、やりすぎなのかもしれないけれど、たとえばロベール・ドアノーの撮った有名な写真「パリ市庁舎前のキス」を思い浮かべてもらえばわかると思う。パリの街はキスをする恋人たちでいっぱいなのだ。

恋人たちは堂々と見つめ合い、人前でもかまわずイチャイチャする。パリでは、誰もそういうことを隠したりしない。一方、東京の人たちはそんなことはしない。その代わり、ラブホテルがずらりと並び、ポルノっぽい写真があちこちで目につく。

じつは友人たちには、日本に来るならラブホテルに泊まってみるべき、とすすめている。日本に遊びに来る外国人カップルにとって、絶対に面白い場所だからだ。安宿のイメージとはかけ離れた、あの設備の充実っぷり。高級ホテル以外には泊まりたくない、という人は別として、誰にとっても足を運ぶ価値があると思う。

フランスにも「5 à 7」はあるけれど

まず、スタッフの姿の見えない受付からして、「なにこれ!」という感じだ。ドアをひらいてすぐ、見たこともない光景が広がる。

フランスで、よく愛人との情事に使用されるような高速道路沿いのモーテルとも、まったくちがう。

フランスには「5 à 7(5時から7時)」という表現がある。仕事が終わってから帰宅するまでのあいだ、つまり夕方5時から7時のあいだだけの愛人関係をそう呼ぶのだが、そんな5時から7時用のホテルにはまったく似ていない。部屋も広くて(ラブホテルの部屋は平均して40から50平方メートルくらい。もっと広い場合もある)、大きなベッドに、オシャレなインテリアなど、内装は高級ホテル顔負けだ。残念ながら窓はついていないけれど、第一印象だけでは、とてもその部屋本来の目的が想像できないほどだ。サービスとして部

進化しつづけるラブホテル

屋に置いてある〈あやしげな〉グッズ各種に気がつかなければ、なおさらだ。

部屋にある多くの家電製品が日本製なのも、日本人のお客さんにとっては安心材料にちがいない。置いてあるのは、おもに50インチテレビ（ホテルによってはプロジェクターがあるところも）、ブルーレイ・プレーヤー、ビデオ&オーディオ・オンデマンド、イオン式空気清浄機、最新式のトイレなど。ほかにも、電子レンジに冷蔵庫、電気ケトル、7・1サラウンド対応のホームシアタースピーカー、カラオケマシーン、5段階式の照明コントロールができるリモコン（ベッドの近くに設置）など、なんでも揃っている。

外国人も、こんな超高級ホテルにひけをとらないラブホテルに泊まれば、いやな思いをするどころか、絶対にいい思い出がつくれて、お金まで節約できると思う。

ちなみに彼氏だけでなく、彼女（もしくは一夜限りのお相手？）も気持ちよく過ごせるように、バスルームはピカピカと清潔に掃除されていて、さまざまな化粧品や使い捨てのアメニティーも揃っている。

ラブホテルは本当に外国人におすすめしたい、日本のイチ押し観光スポットだ。

chapitre

2

Élégantes, les Françaises, vraiment ?

フランス人は「おしゃれ」なの？

おしゃれじゃないパリジェンヌもいるし、シックでおしゃれな日本人もいる

日本の雑誌をのぞくと、フランス人女性というのは、まるで1人残らずおしゃれで魅力的、そのうえエレガントで、あたかも世界でもっとも美しい人々だと紹介されているように見える。

理想の女性像のように語られるのはありがたいのだけれど、わたしが初めて日本に来て、銀座を訪れたときに感じたのは、じつは、まったく反対のことだった。

「日本の女性たちは、なんて魅力的、エレガントで美しいのかしら。フランスよりも、素敵な女性がたくさんいるみたい！」

そう、つまり隣の芝生は青いということ。

さあ、そろそろおたがい冗談はやめにしましょう。あれは、日本の雑誌が販売部数を伸ばすためにつくっている、ただの〈イメージ〉なのです。

ここで1つ、わたしの言うことが信じられないという方のために、フランスの女の子たちの実態をご紹介したい。

「お嬢様には毛がおあり」運動

２０１６年ごろ、フランスのインターネット上で物議をかもした「お嬢様には毛がおあり」と呼ばれる運動をご存知だろうか？これはなんと、「アンチ・体毛処理」を訴える若いフランス人女性たちが起こした運動。

彼女たちは、ムダ毛の処理をしない自由を社会にたいして訴えるため、実際に、うで毛、わき毛、脚毛など、体毛を処理することをいっさいやめると宣言し、ついには、実際に毛をふさふさと生やした自分たちの姿を写真に撮ってインターネットに続々と投稿していったのだ。

これのいったいどこが、エレガントだって言うの？

彼女たちの写真を見たわたしは、「ああ、この写真が日本の雑誌にも掲載されたらいいのに……！」と思わずにはいられなかった。当然、そんな事態は起きなかったわけだけれど。毛深いフランス人女性の写真が雑誌に載ってしまっては、ファッション業界

や雑誌業界のビジネスの一部に、支障をきたしてしまうということかしら。

雑誌が作り上げるイメージに振り回されないで

要するに、フランス人女性のすべてが日本の雑誌に登場するようなエレガントな女性ではないということ。善かれ悪しかれ、雑誌に載っているフランス人のイメージは、ステレオタイプなものに過ぎないのだから。

正直なところ、雑誌を飾るステレオタイプなイメージの数々に、わたし自身は、ムッとしてしまう。「こうでなければ美しくない」「こうでなければダサい」といったメッセージを押しつけられているみたいなんだもの。ただ、毛むくじゃらよりは、きちんとムダ毛処理をしている女の子のほうが、かわいいとは思っている。

雑誌が作り上げるイメージといえば、ファッションについても同様のことが言える。パリジェンヌなら、誰でもシャネルで仕立てたスーツを着てヴィトンのバッグを抱えて歩いていると思ったら、大間違い。「そんな服を買うお金なんてないわ」と言う人もいれば、特にブランドファッションにこだわらない女性も大勢いるのだ。

パリでは、ユニクロはシックなイメージ

それよりも、ＧＡＰやＨ＆Ｍのジーンズのほうがいいと言うパリジェンヌもたくさんいるし、むしろ、彼女たちは好んでユニクロを着たりもする。

ちなみに日本ではカジュアルなイメージのつよいユニクロだけれど、フランスでは「日本のブランドだから」という理由で、わりとシックなブランドイメージで通っている。そう、まさに「隣の芝生は青い」ということ。

とはいえフランスは、やはりファッションの国。フランス生まれのブランドには、世界でも一流のものが多いのも、たしかだ。

また、日本人がパリジェンヌに抱く「エレガント」というイメージの裏には、日本とフランスのこんなちがいがあるからかもしれない。

それは、パリジェンヌたちは、雑誌が提案する流行を追いかけず、自分なりのファッションをとおして自然体の個性を表現するのが上手という点。

たとえばパリジェンヌがよく着ているようなカラダにぴたっとフィットする服装のほう

が、リラックスできるし、それだけで印象もがらりと変わるもの。

日本で暮らすようになってから、

「さすがパリジェンヌですね！」

「エレガントですね」

と言われることがあるけれど、実際にわたしが着ている服はみんな東京で買ったメイドインジャパンだ。日本のブランドのものが圧倒的に多いくらいなので、結局は、着こなし方やコーディネート次第で印象を変えることができると言えそう。そのときの気分や、時とともに変わる自分の雰囲気とマッチしているかどうかも、大切なポイントだ。

それでもマズいと思う2つのファッション

いずれにしてもファッションにかんして、フランス人のわたしが確信を持って言えるのは次の2つだけ。

まず1つめ。この恰好をしたら、フランスではマズい！ といつも思うのは、日本のOLの制服姿だ。今はあまりなくなってしまったと聞くけど、あのグレーの色をした膝下まで丈のあるスカート（タイトなのかよくわからないデザイン）は、いただけない。

ファッション関係の仕事をしていた母（彼女は自分でデザインした服をよく着ていた）から

も「あの形のスカートはダサいわ」と、若い頃から教わっていた。

あのスカートに、靴下とヒールのないローファーのようなパンプスの組み合わせは、ほんとうによくない。女性らしいファッションを大切にするフランス人からすると、フェミニンさが台無しになって、とても趣味の悪い恰好に思えてしまう。そしてどうか、髪をきゅっと後ろに束ねてサイドをバレッタで留め、金縁のメガネなんてかけないで……。

そうなれば、もう目も当てられない。フランスの男の子のハートを射止めるのは、まずむずかしくなってしまうだろう。

フランスでは見かけない
コーディネート

2つめに、日本にはマタニティー向けの服で、おしゃれなものが不足しているということ。わたし自身、妊娠中にとても困った経験がある。

出生率が下がっているせいで、日本ではマタニティーファッションの市場も縮小しつつあるのかもしれないけれど、今よりも多くのマタニティーブランドが登場してくれたら、プレママ用の服のヴァリエーションも増えるかもしれない。

逆にフランスには、おしゃれなマタニティードレスがたくさんあって、びっくりしたのを覚えている。日本では、快適な妊娠生活をサポートするサービスが、明らかに足りていないと感じた瞬間だった。妊娠中の女性は、自分が妊娠していることを誇りに思うべきだし、だからこそおしゃれな服がもっと必要なのにと思う。

ロマンチックでないフランス人男性もいるし、レディファーストな日本人男性もいる

日本人のフランス人男性にたいするイメージについても、一言。

じつは、フランスの男性たちは、いつでもきちんとした身なりの日本のサラリーマンとちがい、会社員でも、パリッとしたワイシャツも着ていなければ、ネクタイすら締めていないし、ピカピカに磨かれた靴を履いているわけでもない。

どちらかというと、女性たちと同じように、あまり1つの型にはまったファッションをせずに、それぞれが個性的で、わりと無造作に服を着て、自分の個性に合った服装をしている人が多い。もしフランスの男性がとても魅力的に見えるとしたら、そんな彼らの自由さのせいかもしれない。

誰もがヒゲ！　フランス人男性の流行

そしてもう1つの特徴は、なんと女性たちと同じく「毛」を伸ばしていること！

ただし、彼らの場合は「ヒゲ」。

ここ数年のあいだ、ヒゲを伸ばした男性が人気で、ブームが始まった当初は、3日間くらい伸ばしたヒゲが主流だった。

これは、まあまあ魅力的。しだいにそれが、「10日間くらい伸ばさないとオシャレじゃないわ」ということになり、だいぶ濃いヒゲのある状態が、定番スタイルになっていった。

10日間伸ばしたヒゲは、たしかに濃いものの、まだそれなりにかっこいい感じだった（ただし人にもよる）。

そして伸びに伸びたヒゲ

ところがそれが、現在、彼らのひげは伸びに伸びて、かなり長いひげをたくわえたスタイルが多くの男性のあいだに定着してしまった。

これは今、フランスでいちばんのトレンド「ヒップスター」と呼ばれるスタイルだ（ヒップスターという言葉は、英語圏から来た言葉。長く伸ばしたヒゲは、タトゥーと同じくヒップスターには欠かせないトレードマーク）。

日本のファッション誌に登場する従来のフランス

なぜ、流行しているの……？

人男性のイメージとは、やっぱりちがっているのではないかしら？　実際、今のパリの街には、長いヒゲの男性たちが闊歩している。カフェのギャルソンも、芸能人も、会社の社長でも、みんな「もじゃもじゃ」。さらに定番のチェック柄のネルシャツを着て、誰もがヒップスターファッションで決めている。

このヒップスタースタイルは、日本の女性たちが描く「憧れのフランス紳士」や、「ロマンチックなフランス人」のイメージとも、だいぶちがうと思う。そもそも日本でよく描かれるフランス人男性のイメージは、映画「太陽がいっぱい」のアラン・ドロンだろうか。現実とくらべて、ちょっと大げさな感じではあるけれど。

生活に余裕のない、今どきのフランス人男性

じつは、現代のフランスの若い男性の多くは、経済的にも、ロマンチックな生活を送る余裕がない。50〜60年代の、古き良き時代のフランスであれば、男性たちもロマンチックに生きられたのだと思う。それが今や、社会を取り巻く状況や景気もすっかり変わってしまった。

日本のメディアが流しつづけるフランス人男性のイメージは、残念ながらすっかり時代

遅れになってしまっているのだ。

たとえば、アラン・ドロンがまだ若かりしころ。

彼自身、俳優としてデビューする前、20代の頃には、あちこちを転々としつつアルバイトで食いつなぐ生活を送っていた。それが、あるときチャンスをつかみ、その端麗な容姿とつよい個性で俳優として成功を収めた……そんな経緯がある。

似たようなエピソードは、探せばいくらでも出てくる。それだけ当時のフランスには、チャンスがたくさん転がっていて、仕事に就くのも辞めるのも、今よりずっと簡単な時代だったのだけれど、それが一転してしまった。

仕事がないパリの若者たち

現代のフランスでは、男の子も女の子も、仕事を見つけることにすら、非常に苦労している。

日本では、卒業時に就職先が決まっている大学生の割合は約95パーセントというけれど、それにひきかえフランスでは、約半数以下の若者が高校卒業後に4年間ないし5年間の学業を収めた後、卒業してから1年後の時点にいたっても、就職先を見つけられずにいることがわかっている（管理職向け人材会社Apecが行った２０１５年の調査による）。

仮に仕事が見つかっても、その半数が非正規などの不安定な職に就いているのが現状。こうして見ると、日本の若者はずっとチャンスに恵まれているとも言える（本人たちは気がついていないかもしれないけれど）。

それでも、依然としてフランスの男性にはロマンチックなイメージがあるとしたら、フランス人のほうが率直に言葉で愛情を表現するからかもしれない。表現のヴァリエーションも、日本語にくらべてずっと豊富だ。


「je t'aime（愛している）」

「tu me manques（君が恋しい）」

「tendresse（愛をこめて）」

「caresses（愛撫）」

「complicité（親密さをあらわす共犯意識）」などなど。


フランスの男性は、こうした言葉を積極的に口にして愛情を表現してくれる。日本の男性は、その点、消極的だから、フランス人のほうがロマンチックに見えるのだろう（夫は、今ではフランス人のように愛情表現をしてくれるようになった。これも慣れの問題なのかもしれない）。

そして、人前で女性の手を引いたり、エスコートしたり、キスをしたり……フランスの男性は、女性をロマンチックな演出でよろこばせてくれるのが上手。たしかに恋愛映画のように、女の子たちをときめかせられるかどうかは、とっても重要なポイントだ。ちなみに日本でも外国人女性であるわたしに対して、レディファーストな行為をしてくれる日本人男性もたまにいる。

反面、離婚率40パーセントを考えると、すべてのフランス人カップルがうまくいっているワケではないけれど。

毎日うわごとのように「愛してる」と言う
やたらとキスしてくる
臆面もなく「君はきれいだ」とか言ってくる
記念日は何かしてくれる
毎日数回の電話・メール

chapitre

3

Est-ce vrai que les Français sont gentils avec les enfants ?

「フランスは子どもにやさしい」って、本当？

出産前にあれこれ考える日本人、妊娠したらまずはキスするフランス人

産む？　産まない？　なぜ？　誰のために？

「出産」ほど、誰にとっても普遍的で、現実的なテーマも、ほかにないかもしれない。もともと子どもを産むことに意識的な女性もいれば、置かれた状況によって、意識しだす女性もいるだろう。なかには、ある日突然、直感につきうごかされて、急に子どもが欲しいと感じる女性もいるかもしれない。とにかく、出産とは、フランス人にとっても日本人にとっても、すべての女性が、一度は直面する共通のテーマだといえる。

妊娠したら、まず何する？

ところが、国籍に関係なく人間として共通のテーマであるはずなのに、やっぱり、フランス人と日本人とでは、そのとらえ方が微妙にちがっているようなのだ。

それもこれも、環境のせいかもしれない。

じつは日本人とくらべると、多くのフランス人が、出産にたいしてとても楽観的。せっ

かく子どもを授かったあとも、何かと周囲に気を遣い、経済的なことにまで気をまわさなくてはならない国に暮らす日本人とくらべて、フランスには子どもを産みやすい環境が整っている。

たとえば、フランスで、恋人どうしのあいだに子どもができたとする。もしかしたら、2人はすでに同棲中かもしれない。どちらにしても、フランスではカップルのあいだに子どもができたとしても、非難されたりしないことをご存知だろうか。極端に言えば、女性は、妊娠したからといって、急いで子どもの父親と結婚する必要はないということ。

フランスにはない言葉「できちゃった婚」

これが日本だったとしたら？きっとすぐに、「とにかく籍を入れなくちゃ！」となるのではないかしら？

日本人女性が「未婚のまま産む」と言えば、双方の両親が世間体を気にしてとやかく

マタニティマークのキーホルダーを手に喜ぶわたし

文句を言い出すかもしれない。周囲を納得させるのに苦労している姿が目に浮かんでしまう。

逆にフランスには、「できちゃった婚」という言葉自体が存在しない。そもそも現代のフランスでは、新生児のうち約半数が未婚のパパとママを持つという状況なのだから、当然といえば、当然だ。

いわば事実婚状態のカップルが子どもを産み育てることは、まったくめずらしいことではないので、日本のように世間体を気にする必要もないというわけ。むしろ、こうした〈事実婚夫婦〉のあいだに育つ子たちにも、通常通りの社会保障が約束されている。

お金の不安がないから、お金のことを考えない

この、社会保障を受けられるという点は、出産について考えるうえで、もう1つの重要なポイントだと思う。子どもを産むということは、つまり、その先20年間にわたる養育費の出費を受け入れるということでもあるのだから。

日本のメディアは、1人の子どもが成人するまでにかかる養育費について、ひっきりなしに報じているようだ。

子ども1人が成人するまで20年間で1000万円必要だとして、その1000万円を仮

に今、持っていたとしても、どうして安心だと言えるのだろうか。明日あなたは事故で死ぬかもしれないのに。

フランス人も、子どもが欲しいと思ったら（もしくは授かった子を産もうか産むまいか迷ったら）、やっぱり養育費のことは避けては通れない。しかし、日本とくらべると、フランスの育児手当は相当に充実しているし、そもそもフランス人は将来のお金のことをそこまで重要視するわけでもない。それから日本とはちがい、出産後の女性にとっても仕事に復帰しやすい環境が整っているので、いずれまた働くことができるという安心感もある。

さらに分娩費用にかんしては、全額が給付金でカバーされるようになっている。それどころか、出産前検診や、あらゆる検査も、すべて社会保障でまかなえてしまうので、フランス人が出産費用で悩むことはあまりない。

ちなみに、わたしは日本の病院にも、フランスの病院にもかかったことがあるけれど、経験上、フランスの病院のほうが、こちらのささいな悩みにまで、じゅうぶんに妊婦の話に耳を傾けてくれる気がした。毎回の健診に時間をかけてくれるので、妊婦にとって、お医者さんは、信頼のおけるアドバイザーのような存在になってくれるのだけれど……。

それから、フランスでは、お産の準備としてヨガやマタニティースイミングなど、マタニティースポーツのクラスがいろいろと用意されていて、それも、社会保障のおかげで割引となったり、無料で受けられたりする。

無痛分娩は60パーセント、自然分娩は20パーセント

ところで、出産そのものに対する考え方も、日本とフランスでは、だいぶちがうようだ。

フランスでは、お産の痛みを麻酔によって軽減させる〈無痛分娩〉が、30年以上前から一般的な分娩方法だ。今や多くのフランス人女性が無痛分娩で産んでいる。全体の約60パーセントが無痛分娩。そして20パーセントは帝王切開。つまり普通分娩は20パーセントに過ぎない。

彼女たちは60年代から70年代のフランス・フェミニズム運動をさかいに、それまで一般的だった「お産とは痛みを伴うもの」という、どこか宗教的なニュアンスを含んだ考え方から、離れていったのだ。

ちなみに医学的に、通常の痛みを伴うお産を経験したほうがいいママになれるかといえば、そうではないらしいので、それならば無痛分娩か自然分娩かの選択肢が与えられているほうが、理想的といえそうだ。

日本では、高額であることと、都会から離れた場所にはあまり対応してくれる病院がないことから、無痛分娩で産みたくても気軽には選択できないようだ。これは残念なことだと思う。フランスだったら、分娩費用に悩むことなく、純粋に妊婦さんが自分の希望をもとに、どちらかを選択することができるのに（全額払い戻されるため）。

産後の過ごし方のちがい

また、出産後の習慣にも、日本とフランスでは、いろいろとちがいがあるようだ。

フランスでも、日本と同じように出産後に自分の母親（もしくはお姑さん）に手伝いに来てもらうことがあるけれど、それは、あくまでも最初の数日間の話で、あまり長期におよぶことはない。必要であれば、何度か来てもらうかもしれないが、わりと長期間にわたってお母さんの手を借りることがあたりまえとなっている日本と、フランス人女性の感覚は、ちがっているようだ。

それから、妻が1人でお産のために帰省する、いわゆる〈里帰り出産〉の習慣も、フランスにはない。じつはわたしは、長男のお産のときには、産後の1ヵ月間を義理の両親の家で過ごし、まるで里帰り出産のような体験をすることができた。

両親がそばにいてくれて、ほんとうに助かったのを覚えている。けれど、純然たる日本の里帰り出産とは微妙にちがい、わたしの場合は夫にも一緒に来てもらい、1ヵ月間付き添ってもらった。だって、彼と離れての生活なんて考えられないもの。フランス人のわたしにとっては、赤ちゃんが産まれてすぐであっても、愛する夫に、赤ちゃんのパパとして、常にそばにいてほしいと願うのはふつうのことに思えた。

もちろん、事情は人それぞれ。

そうしたくてもできない場合もあるかもしれない。ただ、日本の女性たちにも、夫婦一緒の里帰り出産を望む権利はあるのではないかしら。

フランス人は「完璧なママ」を目指さないから幸せ

そして、誰にとっても、もっとも重要なのは、なんといっても、実際に子どもが産まれたあとのこと。子育てに、夫婦関係に、仕事のこと……バランスをとるのがむずかしいことばかり。よく、フランス人女性は日本人とくらべると「ウマく」やれているんじゃないか、という声を耳にするけれど、たしかに、環境や考え方に、ちがいはあるかもしれない。

たとえば、こんなことではないかしら。

1. フランス人女性の多くは、もともと完璧なママを目指さない（そんなのは無謀なことだとわかっているから）

2. 1人のママとして、あるいは会社の一員としての自分の価値や権利を認めてもらうために、相手に上手に働きかけることができる（ときには裁判だって辞さないカクゴで！）。フランスの法律は、出産後の女性にたいして、数ヵ月間の産休と、休暇明けには同じポストへ復帰できる権利を保障している。そして、同僚たちも、そのことをじゅうぶんに理解してくれている

3. フランスの男性は日本の〈サラリーマン〉よりも会社に縛られていない……そして、子育てに協力的。フランスでは、夫婦がバラバラに暮らすこと――たとえば、ママは子どもと家に残り、パパだけが単身赴任で遠くに引っ越さなくてはならないような事態――を会社が社員に命じるなんて、考えられない。わたしから見ても、企業が自分たちの利益のために、社員とその家族をいとも簡単にバラバラにしてしまうなんて、許しがたいことだと思う。社員にも家族があるというのに、それをまるで無視して、ときには遠く、地球の反対側にまで赴任させてしまうなんて（！）

最後に、子育てでわたしが思うことについて。これは、日本でもフランスでも同じようにむずかしいことだと思う。子どもを授かることは、それだけで、じゅうぶん人生の一大事だ。けれど、その後には、最高に幸福を感じたり、かと思えば悩まされたり、紆余曲折しながらの毎日が始まる。そのなかで1つ、重要な支えになるのは、やはり両親が子どもに注ぐ愛情だと思う。子育てをするうえでもっとも大切なのは、愛情。それは日本でもフランスでも、変わらないことなのだ。

正解を求めるのが日本の教育、創造性を育むのがフランスの教育

２０１６年の夏、朝の電車のなかでのこと。高校生の女の子が英語の教科書を広げていた。わたしの目に飛び込んできたのは、つぎのような問題だった。

In my country,（　）（　）（　）（　）（　）（　）Swiss where the（　）（　）（　）（　）.

1 mountains　2 volcanoes　3 high　4 are　5 than　6 more　7 there　8 also　9 in

この問いにたいする彼女の解答は、つぎのとおり。

In my country,（7）（4）（6）（2）（5）（9）Swiss where the（1）（4）（8）（3）.

何かしら、英単語と数字がごちゃまぜになった、この不可解な文章は？

わたしは、ここにニッポンの教育システムの特徴がよくあらわれている気がした。

英単語と数字の羅列のままでは、読みにくいばかりでなく、まるで意味不明の暗号かなにかのよう。たとえば、勉強になるからこの英文を暗記しなさいと言われても、むずかしい。どうしてカッコの中に単語そのものを書かせずに、あえて記号で答えさせるのだろう？　また、生徒自身が少しでも英文構成に考えをめぐらせることができるよう、問題の出し方も工夫するべきだと思う。

仮に同じ問題がフランスの英語の試験で出されたとしたら、つぎのようになるだろう。

つぎのリストの中から、できるだけ多くの単語を使用して文章を作成しなさい。同じ単語を2度以上使用してもかまいません。

mountains - volcanoes - high - are - than - more - there

also - in - country - Swiss - where - the - my

これなら、生徒は問題を解くことで、実際に手を動かしつつ、いろんな文章の構成を編み出して検討することができる。

そのほうが、記号の穴埋め式で解答する場合にくらべて、より生徒自身にアクティブ（能動的）に考えさせることができるし、解答するときには、記号ではなく、英単語そのものを書き写さなくてはならないので、英文自体も記憶に残りやすくなるはず。

たとえ正解は1つしかなくても、問題を解く側に、あらゆるパターンの英文をつくりだす自由を与えてくれるのが、フランス式の教育なのだ。

記号が好きな日本の試験

こうして英語の問題1つをとってくらべてみても、それぞれの国の教育システムの特徴のちがいがよくわかる。

日本の教育は、すべてに記号をつけたがる傾向があり、問題にたいして正しく解答していくことだけが、重要視されている印象だ。

ところがフランスでは、想像力を働かせることのほうが重要だと考えられていて、英文なら英文を、生徒自身が自力で完成させることが求められる。それにフランス式の試験なら、自分で作成した解答の英文を見て、どの数字がどの単語に当てはまるのかをいちいち確認するといった手間暇もかからない……。

シンプルでむずかしいフランス式

もう1つ、日本の教育の特徴といえるのは、ほとんどの試験が、あらかじめ与えられた複数の選択肢のなかから答えを選びとる形式になっているところだろう。

問題のあとに3つから4つの選択肢が用意されていて、生徒たちはその中から正解を探していく。

極端な話、問題の本筋や意味をあまり理解できていなかったとしても、消去法で正解らしきものを選ぶことが上手にできれば、いい成績がもらえそうだ。

じつは、フランスの試験は、もっとシンプルでむずかしい。なぜなら、〈問い〉しかないのだ。選択肢も記号も用意されていない状況で、生徒たちは自力で正解となる文章を書かなくてはならない。

では、日本式の試験のメリットはなんだろう？

しいていえば、先生にとって採点がしやすいことだろうか。4つの選択肢を用意した場合、回答は4パターンにあらかじめ限定されるワケだから、5つめはまず存在しないことになる。あとは、正解以外の記号にバツをつけていけばいいだけとなる。とても合理的で効率的だ。

その点フランスの教師は、採点のたび、生徒たちのバラエティに富んだ解答の1つひとつに向きあわされることになる。

とっぴな内容のものもあれば、マルもバツもつけがたい、判断に迷うような微妙な内容のものまで、あらゆる解答があるため、先生自身がうなりながら採点をさせられる状況も起こり得る。

世の中は「想定外の問題」であふれている

どちらの教育システムが好みかときかれたら、わたしは迷わずフランス方式と答えると思う。

日本式の教育では、大人になって社会に出てからも、あらゆる問題にたいして受け身のままで、他人から与えられた選択肢がなければ正解を見つけられない人間になってしまいそうだ。ほんのささいな事柄にまで、マニュアルを求める社会ができあがってしまう気もする。実際の世の中は、想定外の問題であふれているというのに……。

生きているかぎり、すべての問題に100パーセントの正解なんて、出せっこない。それを考えると、自分の頭で考える習慣のない人間は、何か起きるたびに途方に暮れてしまうのではないかしらと心配になるのだ。

フランス人の「システムD」

フランス人の場合、問題にぶち当たったときは、むしろ想像力を働かせて、オリジナルの解決方法を編み出そうとする。システムDの「D」は「débrouille」という、日本にはない困難などをなんとか即興でやってみせること。もちろん、それでも失敗に終わる可能性だってある。けれど、失敗こそ、その先の人生で生かすことのできる、貴重な情報源となってくれるものだ。

ところで、フランスの教育現場では、教師と生徒との対話の時間が積極的に取り入れられている。つまり、生徒自身に自分の考えを議論させたり、書かせたりすることをたいせつにしている。

面白いのは、教科書に載っている内容よりも、むしろ、フランス社会がそのとき実際に抱えている社会問題をテーマにして議論する場合が多いことだ。たとえば社会の時間には、現在進行形で起きている社会問題について議論をさせる。そのほうがよっぽど充実した授業になったりするもの。まさにここ数年は、国内でテロが起きるたび、フランスの小・中・高を含むほとんどの学校で、事件について議論する時間がもたれている。

誤解のないように補足すると、イスラム教やテロリズムについての授業を展開するわけではけっしてない。その反対に、たいていの教師は、むしろ生徒たちの声に耳を傾けることに力を注いでいる。生徒たちから意見を聞きだし、彼らが抱く疑問にも答えながら、教師は彼らが受けている精神的ショックも含めて、注意深く見守っていく。

子どもたちが落ち着くまでは、通常通りの授業を再開することはない。それによって年間の授業スケジュールが多少犠牲になったとしても、たいした問題ではないのだ。

日本の学校教育を見ていると、授業のなかではコミュニケーションのための時間が少なく、生徒たちがおたがいの意見を交換する機会があまり与えられていないようで、残念に思う。先生から生徒に教えるだけの一方通行の授業では、なかなか子どもたちのほうから先生にコミュニケーションをとることも、できないのではないかしら。

日本の識字率は、やはりすごい！

とはいえ頭ごなしに日本の教育システムはダメ！　と思っているわけではまったくない。日本の子どもたちはみんな、高校を卒業するころには、日常生活に必要な漢字の読み書きを身につけている。

これは、とくにすごいことだと思う。

読み書きの教育は、教育システム全体から見れば、ほんの一部のことかもしれないけれど、日本の識字率はほかの国にくらべると、非常に高いのも事実。このことは、日本の教育が成功していることを示している。それに読解力を身につけることは、社会生活を送るうえでとても大切なことなのだ。

ほかにも、日本の教育ですばらしいと思うのは、生徒たちに団体行動の大切さや、規律を守ることを学ばせていること。

学校のそうじを自分たちでさせられることによって、生徒たちは身の回りの環境に自然と気を配れるようになる。残念なが

一般的な日本の学校の授業風景

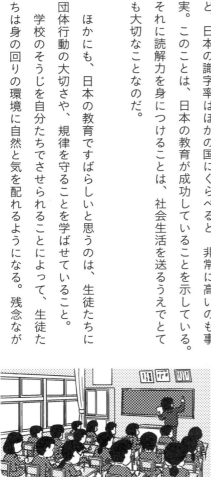

ら、フランスの生徒たちにこの感覚はないと思う。それに、個人主義が染みついていて、団体行動には向かないし、規律を守れない生徒も少なくない。

繰り返しになるけれど、日本の教育は、生徒の協調性をうながしたり、規則を守らせたりと、集団生活を送るための力をしっかりと身につけさせていて、すばらしいと思う。

いつの日か、そこにフランス流の教育がうまく融合して、「考える力」や「コミュニケーション・表現力」などを伸ばす新しい教育システムが実現することを願っている。

「働く母」があたりまえのフランス、「専業主婦」がまだ、あたりまえの日本

「専業主婦になることは、恥なのか？」

これは、フランスの大手ラジオ局、フランス・アンテールが2015年頃に放送した番組で実際に使用されていたタイトル。もしも日本で、こんなショッキングなタイトルの番組を放送したら、ものすごい件数のクレームが寄せられてしまいそうなもの。

わたし自身も、このタイトルを聞いていい気分はしないけれど、たしかにフランスでは、専業主婦の地位は低く、とても「憧れの職業」とはいえないのが現状なのだ。

実際に、番組の出演者はつぎのように語っていた。

「自分が専業主婦だと言えば、返ってくる反応はだいたい2種類しかありません。1つは、『あ、そう』という薄いリアクション。もしくは、あからさまな拒絶反応。専業主婦には、〈料理や掃除や、自分の子どものことにしか興味のない女性〉といったイメージがつきまとうからでしょう」

現在のフランスには、およそ２００万人に及ぶ専業主婦が存在することがわかっている。つまり国内の20歳から59歳の女性のうち約14パーセントと、それなりの割合を占めているのだけれど、にもかかわらず、まったくもって、いい印象を持たれていない。

最近では「家庭の最高経営者（PDG de famille）」や「ボランティアで働く家庭のエンジニア（ingénieur familial bénévole）」など、「専業主婦」という呼び方に不満を持つ一部の人は、別の呼び方をしようと試みている。

フランスでは「専業主婦」がなぜ嫌われる？

なぜこんなにも、専業主婦は印象が悪いのだろう？

その理由は、専業主婦になることによって、女性は、夫もしくはパートナーに、経済的に全面依存することになってしまうからという、とてもシンプルなもの。

この考え方は、とくに自立の重要性を教えられて育った若い世代の女性には、受け入れがたいものだ。

かつてフランスには、専業主婦にたいして、職人の賃金と同程度の金額を保障する給付金制度が存在していた。実際にわたしの祖母の時代には、女性のほとんどが専業主婦だった。当時の女の子たちはみんな家政学校に通い将来は専業主婦になることを目指していた。またその一方で、男の子たちはエンジニアを目指すために工学を学ぶというのが一般的なキャリアパスだった。

それが、母親の世代になると、しだいにフェミニスト運動が盛んになり、女性たちがつよく自立を望むようになり、親の世代とは正反対のライフコースを描くようになっていった。現代では、女性が家事や子育ての対価として「給与」を得たり、保障を受けたりすること自体をよく思わないフェミニストも増えている。また、男性たちも自分の妻にたいして、家庭に入るよりも外で仕事を持っていて欲しいと思う人が大多数のようだ。

とはいえ、失業してしまったり、なんらかの事情があったりして専業主婦にならざるを得ない女性も、フランスにはたくさん存在している。

家族社会学の専門家、フランソワ・ド・サングリー氏によれば、専業主婦になることを決めた女性たちの多くは、自分の選択をそこ

パリでテレビ局に勤めていた頃のわたし

まで批判される筋合いはないと憤慨していると述べている。また、それは、もっともなことだとも。

「働くママはかわいそう」という視点

興味深いことに専業主婦の立場は、批判されるだけではなく、働く女性たちから同情の眼差しで見られることもあるようだ。

反対に、専業主婦の側からは、働く女性たちがかわいそうだという声もある。毎朝出勤前に急いで家を出て、子どもをヌヌー（ベビーシッター）の家や保育園に預け、夜は遅くになってから迎えに行くという忙しい生活を送っていては、子どもと一緒に過ごせる時間も限られてしまうからだ。

つまりは、たとえワーキングマザーになったほうが社会から認められるからといって、悩みが消えてなくなるかというと、まったくそうではなく、彼女たちもまた、あまり子どものそばにいてあげられないという理由で悩み、ときには罪悪感まで感じているのが実状。

そのため、仕事を持っている女性のなかには、子どものそばにいるために、あえて専業主婦を選ぶ女性もいる。このあたりは日本と通じるものがあるのかもしれない。

働く女性たちもまた、社会からのプレッシャーを受けながら生活を送っているのだ。

しかも、フランスの平均所得は日本よりも低い（男性の収入だけで一家４人が過ごすのはパリでは富裕層でなければむずかしいでしょう）。だから、より一層、子どものいる夫婦にとっては夫の収入だけを頼りに生計を立てることがむずかしく、専業主婦になりたくても経済的な事情から仕事を辞められない場合も、多々あるようだ。

日本女性は、なにかと大変

ところで、日本の政府は最近になって、女性の活躍の必要性を大々的にうたっているようだけれど……ちょっと待って。専業主婦の女性たちは、活躍していないとでも言いたいのかしらと、びっくりしてしまう。

言うまでもなく専業主婦は、立派な職業の１つだ。フルタイムで働くことを要求されるうえ、子育てにいたっては、精神的にも肉体的にも相当な労力、耐久力を必要とする大変な仕事だと思うのだけれど。

つまりフランスの女性たちと同様に、日本の女性たちもまた、社会からの相反するリクエストに直面して苦労をしているということ。子どもを育てることと、社会でより活躍すること。この２つを同時に、しかも、環境が整っていないなかで、実現していかなければならないのだから。だって、日本には保育園も足りなければ、子どもを預かってくれるヌヌーのサービスも一般的に普及していない。しかも多くの企業は、まだまだ子育てに非協力的。たとえ小さな子どもを持つ男性であっても、会社からはほかの男性と同じように全力で働き、サラリーマンとして会社に貢献することを要求されてしまう。

さらに日本の企業は、個人の事情などおかまいなしに、ある日突然、遠い土地への転勤を言い渡して、家族をバラバラに引き離してしまうことだってあるのだから……。

フランスでも男性のほうが平均給与は高い

結局、家事や育児をいかに夫婦のあいだで上手に分担していくかが、フランスでも日本でも共通する課題なのではないかしら。一般的に、女性よりも男性の平均収入のほうが高い傾向にあるのは、日本に限られたことではなく、フランスでも同じこと。じつは、子どもが産まれたあと、夫婦のうちどちらかが育休をとらなくてはならない状況では、単に収入の差から、女性の側が職を手放すケースが多いのだ。

それであれば、むしろ、女性も男性もおたがいに勤務時間を半分にして、残りの時間を子育てに当てるというワークシェアリング的なモデルを導入してはどうかしらと思う。とくに、もともと男女間の労働条件に格差がある日本にとっては、これまでの差を埋めることができる有効なワーク・スタイルになるかもしれない。

とても運がいい、わたしの場合

フランス社会、日本社会がそれぞれに抱える課題を、女性の働き方を通してまとめてみたけれど、わたし自身の場合は、じつはとっても運がいいと、あらためて思う。

家事の半分は、家で働く夫がよろこんで引き受けてくれている。夫はよく、うちは一般的な家庭と逆で、妻のほうがサラリーマンなんだと言うけれど、わたしが勤めているのは、フランスの企業。たとえフルタイムでサラリーマンをしていても、日本の企業とはちがい、定時以降の残業は（残業代が発生しないよう）かなり制限されているし、有給休暇は１００パーセント取得するよう義務づけられている。

しかも、休暇の取得にかんしては、上司のほうが率先して、お手本を見せているようなもの。数週間単位の長期休暇を、１年のうちに数回取るのがふつうなので……まさに「猫が外にいるときネズミは踊る」（失礼、これはフランスのことわざだが、日本のことわざにたとえるなら「鬼の居ぬ間に洗濯」だろうか）。いえいえ、そうではなく、だからこそ部下たちも安心して休みを取ることができますね！

chapitre

4

La pensée des Japonais influencée par les séismes au quotidien

日常に「地震」がある日本人の考え方

古い家ほど価値のあるフランス、新築の家ほど価値のある日本

日本に起きる自然災害の多さは、フランスでもとてもよく知られている。世界のどこかで大きな自然災害が起きると、たいてい何日間にもわたって現地のようすがテレビで報道される。それは、日本でもフランスでも同じだ。２０１１年３月の東日本大震災のときには、津波に襲われる東北の街のようすや、福島第一原発の被害にあった建物などが、連日生々しく画面に映しだされていた。だから、いまもその当時の映像は多くのフランス人の脳裏に焼きついている。

なかには、東日本大震災よりも、もっと前、１９９５年に起きた阪神淡路大震災のことを覚えているフランス人もいるだろう。

じつはわたし自身も、この震災で身近な人間を亡くしている。父の知り合いが、たまたま当時神戸に移り住んでいたのだ。彼のもともとの家はブルゴーニュ地方。つまり、わたしたち家族と同じ土地に暮らしていた。

ブルゴーニュという場所は、地震とはまるで縁がない土地。

何度か大きな洪水が起きたことはあるけれど、やはり、日本人がこれまでに経験してきた自然災害（大地震、津波、台風、火山の噴火など）が、どれもこれもフランス人の目に脅威に映るのは、そのほとんどが、フランス人が実際に体験していないものばかりだからかもしれない。

嵐による水害があるフランス

フランス人は、自然の脅威をまったく知らないかというと、そうではなく、ときどき、嵐や大雨による水害で死者が出てしまうこともある。それでも、日本のように大地震がくることはない。とはいえフランスにも、ごくたまに、人間が感知できないほど小さな地震は発生しているらしい。でもあまりに小さ過ぎて、こわくもなんともなく、誰も気がつかない程度に揺れるだけ。

一方、日本の人たちは、大変だ。日本はいつでも地震の脅威にさらされているのだから。このちがいは、どうやらそれぞれの国の街づくりや建築方法そのものにも大きな影響を与えているようす。

たとえば、日本人観光客は、よくフランスの地方を訪れては、石で造られた家々やシャトー（お城）をながめて、美しいと感激している。たとえばブルゴーニュにある、同じく石造りのわたしの実家は、なんと築200年。

いかにも重厚な造りで、壁なども、幅が40センチのものから80センチくらいの厚みがあるものまである。これはたしかに日本では見られない建築スタイルだろう。わたし自身も、石でできた古い建物はとても美しいと思う。でも、日本で再現できなくてもしかたがないと思うのだ。だって同じような家を建てても、いつか地震で崩れてしまうのだもの。フランスには、そのリスクがないからこそ、こうした建築が可能なのだ。

古い家ほど人気があるフランス

おもしろいことに、フランスの建物は、築年数が長ければ長いほど不動産としての価値が上がっていく。もちろん日本では、その逆だ。新しい建物ほど人気が高い。それもそのはず、建物が古ければ、そのぶん地震の影響を受けやすくなってしまうから……。

日本では一戸建ては20年経つと建物の評価額はほぼゼロだがフランスでは古い家は価値がある

地方だけでなく、パリの街も日本人には大人気だ。いわゆる〈パリっぽい〉街並というのは、1850年から1920年のあいだ、ナポレオン三世のもとで建設された〈オスマン様式〉と呼ばれる建物がならぶ景色を指す。そんなパリの街で、これから部屋を借りようという日本人には、とくに、5区、6区、8区、あるいは17区あたりのアパルトマンが人気だ。彼らはオスマン様式の建物なら、たとえどんなに部屋がせまかろうと、屋根裏部屋だろうと、エレベーターのない建物の8階にある部屋だったとしても、よろこんで借りていく……。

ちなみに、オスマン様式の特徴をご存知だろうか。この種類の建物には、わかりやすい特徴がある。まず、石壁を使用していること。そして、たいてい3階部分に、バルコニーがついていること。そして、オスマン様式では、その建物が面している道路の長さによって高さが定められているので、それぞれの通りには同じ高さの建物だけが、ずらりとならぶことになる。こうしてつくられた街の景色は、非常に美しいものだけれど、やっぱり、大地震には耐えられそうもない。

フランス人は新宿の高層ビルに憧れる

反対に東京を訪れるフランス人は、新宿の高層ビル群を目にしたら、きっとよろこぶだろう。そして、建築年数も、色もデザインも、さらには高さまでバラバラのいろんな住宅が建ちならび、まるでさまざまな柄の布を縫い合わせたパッチワークのように見える日本の町を歩いて、楽しむはず。しかも最近の日本の住宅は、一見して木造には見えないようなすばらしい外壁素材で覆われているものばかり。「ほとんどの家が木でできているのよ」と教えてあげたら、びっくりするだろう。しかも、高層ビルの多くは、おそらくは世界でも最先端の技術で、耐震技術を施してあるのだ。

今この瞬間を味わう日本人の精神

地震や自然災害は、こうして街づくりや建築方法にしっかりと影響を与えているわけだけれど、じつは同じように、日本人の心にも、少なからず影響を与えているのだと思う。わたしは、むしろそのことを、非常に興味深いことだと感じている。

これは、あくまでも私見なので、科学的な根拠は何1つない。けれど、わたしから見て日本の大多数の人々は、うつりゆく景色の1つひとつを尊び、季節感をだいじに感じるような繊細な感性を持っていると思うのだ。

自然の風景だったり、目の前の景色だったりが、その瞬間、その場所に、あるがままの姿で存在していることに価値を見出しているとも言える。春の桜や、秋の紅葉、元旦のご来光など……。四季折々の景色を楽しむことを日本人はとても大切にしている。なぜならそれは、今この瞬間が永遠ではなく、一瞬にしてこわれてしまう可能性があることを知っているからこその感覚なのではないだろうか。どれも、フランスの伝統にはあまりない感覚だ。夫の母は、季節ごとにその瞬間を味わう料理をする人だ。たとえば春は桜をイメージしたピンクの色彩を使い、秋には旬の紅葉を想像させる食材を使う。

無意識に「最善を尽くす」日本人

また、生活面では、なにごとにも用意周到で、準備を怠らない真面目な姿勢が、ほとんどの日本人に見られる。いつでもどこでも〈出たとこ勝負〉のフランス人とは、まったく対照的。ここにも、もしかすると地震の影響が関係しているのかもしれない。

地震とは、予知できないもの。

だからこそ、いつ、なんどき、大地が揺れて建物が倒れてもおか

しくないこの土地に暮らしている日本人は、それ以外のことについては、できるだけ先回りして最善を尽くしておこうと（きっと無意識に）思っているのではないかしら？　それは、一種のおはらいのような感覚かもしれない。これもまた、フランスにはない感覚だ。予知できない危険やリスクにたいして、わたしたちフランス人は、いい意味でも悪い意味でも、もっと無防備だから。

ただ、最近フランス国内で連続して起きているテロのせいで、以前とは若干状況が変わってきている可能性はあると思う。日本人のように、準備を怠らない真面目な姿勢や、他人への気遣いを、フランス人ももっと取り入れてほしいと思う。

その反面、これ以上、テロのような悲しいことはもう起きてほしくない、そして日本の自然が、この土地に暮らす人々にとって、もっと穏やかなものになってくれたらと思う。

「明日の天気」を気にする日本人、その日暮らしのフランス人

ときどきフランス人は、自然のことを「Dame Nature（ダム・ナチュール）」と言う。Nature（自然）に、淑女をあらわす言葉、Dame をつけることで、美しいだけではなく、同時に、天候や災害によって、わたしたちを翻弄することもある自然の厳しさを言いあらわしているのだ。

フランスに暮らしていた頃のわたしは、今日は晴れかしら、雨かしら、もしくは大雨が降るのかしら……と、その程度しか、気にしていなかった。また、あるときから「エコロジー」が徐々に人々のあいだに浸透しだし、有機農業やリサイクルのためのゴミの分別の重要性などが時代とともに身近な話題になっていった。これは、日本も同じだろう。

日本に来てから、天気予報なしに生きられなくなった！

ところが、日本に来てみて、今のわたしは昔よりずっと、想像以上に環境のことを身近に感じさせられながら生活をしている。環境問題については以前にも増して、世界各地で

さかんに取り組みが行われているので、ある程度どこにいても同じだと思うけれど……。

日本に来てから、わたしは、天気予報なしでは生きられない！　と感じるほど、日常が、いとも簡単に、天候に左右されてしまうことにびっくりしている。

誰も逃げることが許されないというか……。通勤も、仕事も、学校行事も、お天気ひとつで中止になったり延期になったり。フランスでは、ここまで日常生活が天候の影響を受けることはないと思う。

ゴミの分別に鷹のように目を光らせる「収集人」

それから、ゴミの分別ルールにもびっくりしてしまう。お天気同様、これも、パリとくらべて東京のほうがずっとキビしい。パリでは一家に２つか３つのゴミ箱があれば困らない。それなのにこちらでは、５つも６つもゴミ箱を用意しなければ間に合わないのだから。

アフリカ生活経験者でもある東京ＡＦＰ通信社の元支局長は、日本に来たとき、あまりにも細かいゴミの分別ルールを見て自分の目を疑ったと言い、それをネタに、記事まで書いている。それは、非常に興味深い記事だった。

日本人の決めた分別ルールの細かさについていけない外国人が、ひとたび間違った分別

をしてしまうと、いかにご近所さんに〈ご迷惑者〉となり、致命的な結果をもたらすのかということが、面白おかしく書かれている。

元支局長いわく、日本のゴミ収集人は、いつでも鷹のように目を光らせていて、もしも間違ったゴミの出し方をしてしまうとつぎのようなことになるそうだ。

1、自分のゴミだけが収集をしてもらえず、そこに取り残される。

2、ゴミ袋に「注意書き」が貼られる。

3、どうしよう、注意書きを見たご近所さんから、白い目で見られてしまう（!）。

4、さらにひどい場合は、市町村の役人の訪問指導を受けるハメになるらしい。しかも、指定のゴミ袋は半透明（!）だから、中身は丸見えで、どれが誰の出したゴミかすぐにわかってしまう。外国人の出したゴミ袋はなおさら目立つだろう……。

鷹の目をもつ「収集人」

フランスのゴミ収集人は、ゴミ袋の中身なんてまったく気にしない。自分たちの仕事はあくまでも〈収集〉であって、住民の監視ではないから。しかしこのちがいはしっかりと結果にもあらわれているようで、２０１０年から２０１６年のあいだに行われたリサイクルにかんする調査では、東京で出されるゴミのうち約30パーセントが資源となり、ちゃんとリサイクルされているそう。この数字は、なんとパリの2倍の割合となっている。

まだレジ袋を使っているの？

ただしこの国には、つねに矛盾が存在していることを忘れてはいけない。ゴミ収集人さんの監視のもとではパーフェクトにゴミを分別している日本人も、じつは、人目のない場所では、「ちょっとどうかしら」という捨て方をしているのを見かける。公園の茂みの後ろに空き缶やペットボトルが散らばっていたり、富士山の頂上にスナック菓子の袋やお弁当の残飯でいっぱいのゴミ袋がいくつもならんでいたり……。たしかに、街

「レジ袋」使ってます？

にはあまりゴミ箱が用意されていない。東京に来た外国人観光客も、「東京にはコンビニ以外の場所に、あまりゴミ箱がないんだね……」とこぼしているのを、よく見かけるから。

また、日本のスーパーでもらえるレジ袋は、フランスでは全面禁止されている。日本に来るフランス人観光客は、「まだレジ袋を使っているの?」と驚いている。

ところで、国によっては、景色にたいする美的感覚も、だいぶちがうのかもしれない。

フランス人の美の感覚の1つとして、統一感は非常に重要。色やカタチの統一された景色を美しいと感じる。たとえばパリの街もそうだ。街の景観を守るために、景観を乱す広告の掲示は禁止されているほど。規則で建物の外観を変えてはいけないことになっているし、新しく建てる建物についても、街の景観との調和がつよく求められる。

一方、日本では、街の景観に調和や統一感がなくても、誰も文句を言わないようだ。緑の多い素敵な田舎町の道路ですら、てんでんバラバラ、好き放題の絵や文字の描かれた看板で両側をかためられていたりするのだもの……。

自然の多い場所で景色を邪魔するように建っているパチンコ店やラブホテルを見かけると、フランス人のわたしとしては「これさえなければね……」と肩を落としたくなるのだ。

ラブホテルは面白い場所だと思うけど。景観の調和などおかまいなしに、あちこちに設置されている自動販売機にも、驚いてしまう。

歴史的建造物が大事にされていない

さらにわたしが日本に来てびっくりしたことがある。それは、歴史的名所が、ちっとも昔の状態で保存されていないこと。

たとえば広島の平和記念公園から写した原爆ドームの写真を見たことがあるだろうか。じつはフランス人の目には、ドームの背景に写り込んだビルなど近代的な街並が気になってしかたがなく、頭が混乱してしまう。フランス人が何かを見るときは、全体をまとめて1つの景色としてとらえるからだと思う。どうやら日本人は、そうした背景の建物は気にならず、というか、自動的に頭の中でビルを消去して、ドームだけに意識を集中することができるのかもしれない。

ちなみに、よくパリの街が美術館のようだと言われるのは、同じデザイン、同じ大きさの建物がならび、全体的な見た目が、ピシッと統一されているからだと思う。それはパリだけではなく、地方の町でも同じだ。

建物の外観を修繕したり手を加えたりするときには、かならず許可が要る。たとえそれが鎧戸だけの話でも、ペンキの色を変えたいときには、自治体の許可が必要なのだ。ちょっと厳しすぎると思うかもしれない。

でも、じつはこうした見えない努力によって美しい村や町の昔ながらの景色が守られているとも言える。

原子力発電は「エコ」なの？

環境について考えるときに、エネルギーの話は避けては通れないけれど、エネルギー自給率の低さに悩まされているのは日本もフランスも同じだ。ある時期から電力の供給を原子力に頼りだしたのも、おたがいに同じ。

フランスでは、日本以上に大幅に原子力発電に電力の供給を頼っている。約80パーセントの電力が原子力発電所による発電だからだ。

日本の政府もフランスの政府も、原子力発電は温室効果ガスを排出しないという理由でエコロジーなエネルギーだと主張している。また、燃料の輸入がどうしても必要になる火力発電とちがい、輸入に頼らずに済むことも、原子力発電のメリットなのだと政府は言う。

輸入に頼るということは、つまり、中東などの原産国の情勢にどうしても左右されてしまうということなので、たしかに、石油などの燃料の輸入には高いリスクがともなうのだろう。

ところが、チェルノブイリの原発事故（1986年）、そして福島第一原発の事故を経て、日本でもフランスでも、多くの国民の原発にたいするイメージや想いは、劇的に変化してしまった。

とくに福島第一原発の事故はフランス人にとっても、大きな衝撃だった。なにしろチェルノブイリのときとはちがい、世界有数の技術を誇ると思われていた日本ですら、ひとたび事故が起きれば原発をコントロールすることはできないことがわかったのだ。

あのとき、わたしも日本にいた

2011年3月、福島の原発事故が起きた当時、わたしはすでに日本に暮らしていた。その後、仕事で、現場である福島第一原発を3回にわたって訪れた。

これほど大きな原発事故に遭遇した日本にたいして、わたしから教えてあげられることなどなにもないけれど、自分なりの考えをここに少し書かせてもらえたらと思う。

福島第一原発の事故は、規模も大きく、その後の状況から見てもいかに原発事故が修復しがたいものかということを教えてくれている。それに災害の話を抜きにしても、フランス同様、放射性廃棄物の処理問題が山積みだ。

でも日本には、世界に誇れるすばらしい技術がある。その技術をもってすれば、きっと石炭や天然ガスを燃料に利用した火力発電の技術をいま以上に発展させて、CO_2排出量をできるだけ抑えていくことだって可能だと思う。それに日本の産業界のこれまでの業績を考えれば、このままやみくもに原子力発電の存続に熱を上げつづけるのではなく、クリーンエネルギーの活用をさらに研究・発展させることは、むずかしくないはずだと思う。

日本の将来のためだけではなく、世界全体の将来のためにも、わたしの好きなこの〈ニッポン〉という国には、全力でこの困難に立ち向かってほしい。勇気ある決断と、そのすばらしい技術で、原子力に頼らない社会の実現が可能であることを他の国にも示してくれたらと思う。

そうすることによって、〈先進的な人々が暮らす技術大国ニッポン〉として、日本はかつての威信を取り戻すことができるのではないかしら。日本人なら、かならず実現可能なことだと信じ、また、心から願ってもいる。

chapitre

5

Pourquoi les Japonais s'angoissent-ils autant pour l'argent ?

なぜ日本人は「お金の不安」がとまらない？

お金があっても心配する日本人、お金がなくても気にしないフランス人

一般的に、フランスにはラテン気質というか、感情的なタイプの人間が多い。

ところが、日本人はまさにその逆。フランスから来たわたしからすると、日本人は、ときには「マテリアリストすぎる」と感じることがあるほどマジメだ。

フランス人だったら「ここは直感で動く」という場面でも、日本人はそのつど、不安材料を洗い出して、石橋を叩いてからでないと動かないことが多い。

なかなか景気がよくならずにデフレがつづいている現在の日本の状況も、じつはそのせいだという気がしている。頭で考えすぎればすぎるほど、人々は出費に慎重になってしまい、それが結果として経済状況のゆきづまりというかたちに表れているように思えてならないのだ。

たしかに、人によって経済力には差があるだろうし、お金の使い方に気をつけている家庭があっても当然なのだけれど。ただ、日本中で、誰もが同じように出費を控えてしまっ

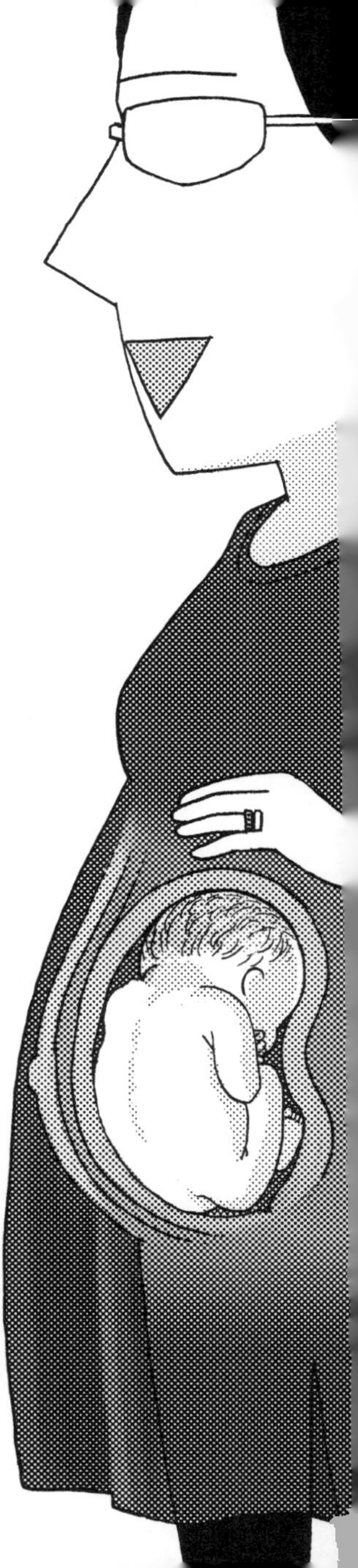

ては、まるで悪循環にならないかと、とても心配。このままでは、経済が活性化するどころか、不況を抜け出すことがどんどんむずかしくなっていってしまう。

子ども1人に教育費1000万円？

たとえば日本のマスコミは、お金や出費にかんする話題をひっきりなしに取り上げている。なかでも、「教育費はいったいいくらかかる？」といった内容の記事は、とてもよく見かけるネタの1つ。そして、そうした内容の記事の多くは、子育て中の両親の不安をあおるような論調で書かれているのだ。

たしかに、実際に子どもを持ってみると、自然と子どもの将来のことを考えるようになる。できるだけ多くの教育費を捻出してやりたいと思うものだから、結果的に、節約しようと努力するようになる家庭もあるだろう。さらには、教育費がかかりすぎることを恐れて、生まれてくる子どもの人数を制限しようと考える家庭だって、あるかもしれない。そう考えると、デフレが少子化に影響を与えていることも、無視できなくなってくる。

なんでも「コスト」を考える日本人

日本の出生率を向上させるためにも、教育にかかる費用を安くすることはできないのだろうか。つまり、国が負担をして、学校教育にかかる費用を国民に代わってサポートすることで、子育て世代の人々が余計な罪悪感を抱くことなく、また、将来を思い煩うことなく、もっと自由にほかのことにお金を使えるようにしてあげることで、少子化をくい止めることだって可能だと思うのだ。

少子化問題に本気で取り組もうと考えるなら、子どものいる家庭や妊娠中の女性のために、莫大な予算をつぎ込むだけの価値はある。そうして国が全面的に教育資金や養育資金を負担すれば、ようやく現在の日本全体を覆っている「お金の不安」が取り除かれるはずだもの。各家庭に余裕が生まれれば、みんなが自然とお金を使うようにもなり、市場全体の活性化にもつながるはず。

子どもがいたらトクするフランス家庭

たとえばフランスでは、公立学校はすべて無料で通わせることができる。妊娠中からお産までの費用は社会保障で賄われるうえに、子どもが産まれたあとに受けられる社会保障もとても手厚い。

それから、なんとフランスでは、子どもを産むと所得税の計算も、だいぶ優遇される仕組みになっている。まったく同じ額の収入を得ている家庭でも、子どもがいるのと、いないのとでは、差し引かれる所得税の金額に、かなりの差が出るのだ。

残念ながら、これまで日本の政府が行ってきたような、一過性の手当てや、割引券を支給する程度の対策では、状況を一変させることはできない。少子化を止めるためには、前例にないほど莫大な予算を、それも継続的に、少なくとも20年間にわたって投じつづけなければならないと思う。そのためには、数百兆円が必要になるかと思う。

政治家のほとんどは、たいていお金の不安とは無縁に暮らしているもの。子どものいない人間も多いから、きっと、実情が見えてこないのだろうと思う。けれど、広がりつづけるニッポンの〈絶望感〉〈デフレ現象〉〈少子化〉の三重苦を止めるために国ができること、それは、こうした思い切った予算の投入しかないのではないかしら。

やはり日本は教育費が高い

あくまでもこれは、経済の専門家としての提案ではなく、日本に暮らす、一フランス人ママとしての見解。ただ、わたし自身、他の多くの日本人ママたちと同様に、自分の子どもが巣立つその日までは、可能な限り、いい教育を受けさせてあげたいと願い、そのための費用を捻出しようと日々、一生懸命に努力している者の1人。

フランスとくらべると、やっぱり日本では子どもにいい教育を受けさせたいと思ったら、教育費がずいぶんたくさんかかってしまうと感じている。受験競争も激しそうだ。国からの援助も、あんまり期待できないだろうと思うと、私も夫も、息子のことを思って心配になってしまう。これは日本の多くの家庭で、共通する悩みなのではないかしら。

教育費の問題は、日本人だとか、フランス人だとかは関係なく、この国で子育てをしているかぎり、避けては通れない問題なのだと思う。たとえば、ふつうに買い物をするにも、ローンを組むのにも、（たとえそれが無利子のローンでも）どうやって子どもの教育費に影響が出ない範囲で買い物をすればいいのかを、真っ先に考えずにはいられない、というように。

さらに、日本人のマジメかつ、用意周到な気質がこの問題と組み合わさることで、かなりの悪影響を経済に及ぼしているのでは……？　というのが、わたしの意見だ。

「なんとかなる」と思えるフランス人

たしかにフランスもここ数年間、不況に悩まされつづけ、働き口はかなり減少。失業率も大幅に上昇してしまったりしているけれど、不思議と日本のようなデフレや少子化などの問題は起きていない。

それは、多くのフランス人が、たとえ最悪な状況のなかでも自分の直感や欲求を大切にし、〈即興で〉なんとかできる！　という強い気持ちでいるからかもしれない。ふりかかってくる人生の問題にも、ケースバイケースで向きあって、アクションを起こしていけばいい。それが、多くのフランス人に備わっている基本姿勢だ。

ときには、もっと注意深く考えて行動すればよかったと思うこともあるけれど、わたしも普段は不安な気持ちで石橋を叩くよりも、つねに自分の直感を優先して暮らしている。

そのほうが、頭で考えすぎるよりも、ずっとラクになりますよ。

将来が不安な日本の若者、楽観的に考えるフランスの若者

ここ数年、日本の新聞やテレビは〈経済危機〉や〈失われた20年〉、それから〈平均収入の低下〉などについて、しょっちゅう取り上げている。

景気は低迷し、平均年収も上がらず、一般家庭での消費支出額は減少傾向にあって、家計の財布の紐がカタくなっているらしい……。

東京が不景気はわかりづらい

ところが、日本に観光にやって来るフランス人の目には、東京の街は不景気を微塵も感じさせない。貧困に苦しみ、悲惨な状況にあえぐ国の姿を簡単に想像させる暗い話題が満載の新聞記事とは、まるで正反対な光景が広がっている。

だって、誰もがいい服を着て、ピカピカの車に乗っているのですもの。さらにどのレストランもお客さんでいっぱいで、家電量販店に行けば大盛況だ。

それもそのはず、じつは、日本が抱える本当の貧困は、人目につかないところに潜んでいる。母子家庭や父子家庭では、大変な思いをしている人が多いように、経済格差は街では目につかなくても実際に存在していて、それも、年々広がっていっているのが現実なのだ。低所得の人々はまさに人の目のない場所に追いやられ、孤立してしまっている。なかには、ひどい条件で仕事をさせられ、搾取をされたり、金融会社から不当に苦しめられたりしている場合もあると聞く。

見えやすいフランスの貧困

日本の貧困が、人目につかない場所に潜んでいるとしたら、その点、フランスの貧困はものすごくわかりやすく、誰の目にもあからさまに見てとれるものばかり。

まずパリでは、どの通りを歩いていても物乞いに遭遇するし、ホームレスがあちこちに見かけられる。道路を走るたくさんのオンボロ自動車も、無視できない。

そして、フランスの失業率は日本の約3倍（10パーセント以上）にもなる。ちなみに街を離れ、移民の人々が数多く暮らす郊外にまで足を伸ばせば、そこでは失業率はさらに高く25パーセントを超えてしまっているのだ。

内定をもらっても不安な日本の若者

日本の不景気とフランスの不景気とでは、街のようすからしてこんなにもちがう。わたしには、フランスの不景気のほうが、より実感があるけれど……。

では、それぞれの国の若者たちにとっては？

２０１６年春に行われた学生の進路にかんする調査によれば、日本では、その年に大学もしくは専門学校を卒業した生徒のうち97パーセントが、すでに在学中に就職先から内定をもらっていたそう。

一方、フランスでは、ほとんどの学生が在学中に内定をもらうことはない。というのも、フランスでは、卒業してからようやく職探しが始まるのがふつうだから。でも意外なことに、フランスの若者は、そこまで自分たちの将来に不安を抱いていないこともわかっている。じつは日本の若者たちとくらべると、非常に楽観的と言えるほど。実際の状況はどうあれ、日本の若者とフランスの若者とでは、ずいぶん感覚の差があるようだ。

「今を生きる若者の意識～国際比較からみえてくるもの」という、２０１３年から２０１４年にかけて内閣府が行った国際的な意識調査がある。そのデータによれば、「自分の将来について明るい希望を持っている」と答えた日本人の数は全体の61・6パーセントだったのにたいして、フランスでは83・3パーセントもの若者が自分の将来に明るい希望を持っていると回答している。

また、2015年に行われた別の調査からも、フランスの若者が自分の将来に、非常に前向きだということがわかっている。

この調査を行った調査会社、オピニオンウェイ（Opinionway）の担当者、スティーブ・フラネ氏は、調査の結果について「非常に興味深い」と語っていた。なぜなら、長い不景気から、現状を憂えて道に迷い気力を失った若者たちのイメージを大人たちが抱きがちなのにたいして、現実の調査結果はまるで反対の結果を示していたから。

スティーブ・フラネ氏の解説によれば、こうした若者たちの楽観的な態度は、単にのん気でいるわけではないのだと言う。

「あまり恵まれない環境にいる学生でさえ、自分の将来には前向きなようです。若者たちは、現実をきちんと見据えています。実際にどんなことが問題になっているのかをわかったうえで、むしろ、不景気特有の社会に漂う暗い空気に巻き込まれることなく、正面から立ち向かおうとしているようです」

その一方で、親たちの世代は、彼らとは対照的に、年齢が上がっていくにつれて、国の将来に悲観的な見方をしている。データによれば、中高年世代のうち、「子どもたちの将来は、自分たちの時代とくらべて厳しいものになると思う」と回答したのは、なんと全体の約66パーセント。50歳以上に年齢を限定すると、その割合はさらに上がり、74パーセントにものぼるそう。

日本では、老いも若きも、みんな揃って将来に悲観的。特に若者たちが、未来に明るい希望を見出せずにいるようだけれど……。

「失敗が許されない」から、挑戦できない

明治大学教授の鈴木賢志は『日本の若者はなぜ希望を持てないのか――日本と主要6ヵ国の国際比較』（草思社）のなかで、日本の社会は1度失敗をしてしまうと、2度目のチャンスが許されない仕組みになっていると書いた。そして、それこそが、若者から徹底的に希望を奪っている大きな原因なのだそうだ。

たしかにフランスでは、失敗も1つの経験としてつぎのステップに生かすことができる。

また、何か起きても、そこからもう一度立ち上がって進むことができれば、その人は勇敢だと周囲からも認められ、意欲のある人物だと評価されるし、むしろ一度失敗したからといってふたたびチャレンジすることなく、闘う前から逃げ出してしまえば、それこそ恥ずべきこと、といった感じに周囲からも思われるのがふつうだ。

でも日本の学生たちは、受験や就職試験などを心配してばかりに見える。失敗したらどうしようと考えてばかりで、将来に希望を持てずにいるとしたら、その責任の大部分は教育方法にあるのかもしれない。

生徒たちを型にハメて、とにかく1番になるように成績だけを競わせるのではなく、もっと学生1人ひとりのちがいを認めて個性を伸ばせるような環境があれば、健康的な向上心が芽生えるはずだと思うのだけれど。

若者が未来に希望を持てない状況は、国にとっての一大事。子どもたちがいきいきとして、希望を持ち、将来の夢を描くことができるように社会を変えていくことは、この国の急務だと思う。そうでなければ社会そのものがダメになってしまうのだから。

世界の広さを実感するために「旅をせよ」

たとえば若者には、ぜひ旅をすることをおすすめしたい。海外での体験は、逆に自分の国についての知識を深めるチャンスになる。あらゆる側面から、自分の国のいい面も悪い面も見つめることができるので、将来を考えるときにとても役に立つ。

ただ、より多くの若者を海外へ送り出すためには、まず日本の企業がもっと変化をする必要がありそう。いまのところ日本の企業では、海外経験のある人材があまり評価されていない気がするのだ。

帰国子女や欧米での生活の長かった人たちが、貴重な人材として評価されるのではなく、逆に〈欧米かぶれ〉というか、別の文化を身につけ、同僚たちとはちがったものの見方をするという理由で、空気を読まないやっかいな人だと思われがちに見える。でも、これはとても残念なこと。むしろ、海外の文化を知っているからこそ、日本に貢献できることがたくさんあるのに。

ユニクロ柳井氏の言葉

東京で開催された、とある学生向けのカンファレンスで、実業家の柳井正氏（ユニクロの創設者でファーストリテイリング代表取締役会長兼社長）が語った言葉を思い出す。

「日本人の一番の弱点は、安心、安全、安定を求めることです。でも、自分の人生にこういうものはないんですね。事業経営を行ううえで、安心、安全、安定の3つがあれば、それは満足できるでしょう。でも実際の事業経営は、危機の連続です。満足をしたら、その時点で終わりです」

つまり人生とは、ピンチや逆境を乗り越えていくことの連続とも言える。乗り越えようという気持ちこそが、人を前に進ませるもの。希望を持てないまま、安心、安全、安定を求めているだけでは、人生は勝手に前には進んではくれないのだから。

パリでは、2015年11月13日に、バタクランコンサートホールで悲しいテロが起き、数多くの若者の命が奪われてしまった。ところが、事件の翌週には、市内に住む若者の多くが、テロに怯えて家にこもることを拒み、ふたたび外に出て、カフェのテラスを埋め尽くしていた。

それは、そんなときでさえ希望を持ち続け、テロリストに負けず、自分たちは自分たちの人生を生きることを決してあきらめないという彼らの決意が行動となって、あらわれたものだった。彼らフランスの若者の、自由を愛する心と未来を信じる気持ちが、どうか日本の若者たちにも届きますように。

colonne 2

消費と経済
デフレは日本だけ？

１９８０年代半ば、ニッポンは好景気に沸き、ついに夢にまで見た「安心」「安全」「安定」を手にしていた。

ところがそれは同時に、経済成長の終わりも意味していたことになる。バブルで株価や不動産価値が異常なほどふくれあがっていくなか、日本の人々は、無邪気にもこの状況が永遠につづくのだと信じきっていたのだが、前述のユニクロの柳井氏の言葉どおり、安定の上にあぐらをかいていたせいか、結果としてはそれが不幸を招いてしまった。バブルの崩壊が訪れたのだ。

日本経済はそれ以降、ずっと低迷している。

バブルの後にやってきた影

バブル崩壊後にやってきた不況の波は日本の人々の心に確実に暗い影を落としたようだった。そして、それ以降の彼らは、自分たちの国の景気について過剰なまでに不安を抱いているように見える。たしかに、バブルの時代にもう少し用心していたらよかったのかもしれないけれど。「不安」は、少しはあってよい。ただ過剰な不安が、さらに致命的な不況を呼んでいるとは言えないだろうか。

つまり、現在の日本経済がデフレスパイラルから脱却できない原因は、そこにある気がしているのだ。

最近ではグローバル化が進み、どこの国の経済も以前には存在しなかったような課題に取り組むことを突きつけられているわけだけれど……。

そんななか日本の人々は将来に希望を見出せず、無力感を感じ、立ち止まってしまっているかのよう。多くの人が、長引く不況のせいでお財布の紐をカタくしたまま、節約のために安い商品を探したり、せっせと貯金に励んだりしている。

なんだか、バブル絶頂期とは１８０度真逆の生き方をしているように見える。

これではまるで、オール・オア・ナッシング！　日本人のあまりにも極端な姿や行動は、正直なところ、理解できなくはないけれど、このままでは状況は改善されないどころか、悪くなるばかりではないかと心配だ。

個人の消費が減れば、企業は売り上げを伸ばそうと、モノの値段を下げるしかなくなるというもの。

当然、モノを安く売るためには企業努力が必要だから、企業はお金を設備の充実や開発のための投資にまわす余裕がなくなり、従業員に支払う給与も削らなくてはならなくなるなど、いろいろな犠牲が出てくる。その結果、少ないお給料で暮らさざるを得なくなった人々がさらに買い控えをするようになるのは、簡単に想像のつくこと。これでは明らかに悪循環だ。

誰もが同じようなシチュエーションに遭遇するとは限らないけれど、節約が必要と感じて、こうした行動をとる可能性の高い世代、たとえば、安定した職に就く前の若者や、子育てまっ最中の夫婦などは、たしかに存在すると思う。そしてじつは、出口の見えないデフレ現象が生みだされる原因の多くは、こうしたデフレマインドと呼ばれる心理状態にあるのだ。

日本の若者を勇気づけたい

どんなに日銀（日本銀行）が金利の引き下げを行ったり、金融緩和政策を行って銀行や証券会社などに資金を大量に供給したりしても、ここ数年、とくに景気がよくなったようには思えない。

結局のところ、国民全体が将来に希望を見出せないままでは、状況は改善されないのではないかしら？　日本の若者が、自分の将来にたいして「お先まっ暗」と感じている状態がつづくかぎり、不況は終わらないように思えてならないのだ。

むしろ、たとえば戦後の絶望的な経済状況に当時の人々が立ち向かっていったときのような、もっと国民全体の心への働きかけが必要なのでは？

60年代当時、日本の国民を奮い立たせたものは、池田勇人首相による「所得倍増計画」だった。池田首相は人々の心に希望を与えるのにぴったりな「所得倍増」という言葉を使い、この政策のもとで国民が一丸となって働けば、誰もが現在の2倍の収入を得られるようになるという構想を示して約束したのだった。

わたし自身は、少なくとも、今の日本にだって十分当時と同じような勢いで不況を脱却し、経済を上向かせていくチカラがあると信じている。ただ、社会を取り巻く状況も大きく変化しているから、戦後と同じ政治手法をとってもダメなはずだ。

じつを言えば、所得倍増計画の時代のように、特定の政治家に国民の心を動かすほどの影響力があるのかどうかは、ちょっとわからないと思っている。だからこそ悩ましい。日本の人々に希望を与えるたしかな方法が、他にあるのだろうか?

池田首相の時代には、ちょうど東京オリンピック(1964年)が予定されており、それは、所得倍増計画の構想を国民に伝えるうえでも重要なカギとなっていたという。

現代ニッポンも間もなく2020年の東京オリンピックを迎えるわけだけれど……。今のところ(2017年夏現在)、目立った効果はなさそう。とても残念だ。

chapitre 6

Les Japonais travaillent-ils trop ?

日本人は働きすぎ？
——仕事とバカンス

上司に敬語を使う日本人、初対面でも敬語を使わないフランス人

フランスにいても、日本にいても、これだけは変えないという自分なりの仕事上のルールがある。まだフランスの会社に勤めていた頃から、東京のＡＦＰ通信で記者として働くようになった現在も、そのスタイルは変えていない。

どんなルールかって?

それは、「上司にはかならず敬語を使って話す」というルール。日本人にとっては、あたりまえのことかもしれないけれど、じつは、フランスではかならずしもそうではない。だから、敬語で話すことは、わたしが個人的に守ろうと決めたルールの1つだった。

上司に「きみ」と言える文化

フランスの職場ではよく、上司は部下に向かって、家族や友達と話すときのように「Tu（きみ）」という主語を使って話をする。そしてなんと、部下が上司にたいして話すときも敬語を使わない。日本の丁寧語や敬語にあたる「Vous（あなた）」という主語を使わずに

「tu」を使って、それどころかいっさいへりくだらずに、くだけた話し方で接することが多い。

とくにマスコミの世界や、広告業界、ショービジネスやアートの業界などでは、初対面であっても、さらには初めての電話やメールですら、敬語を使わずいきなり友達どうしのような言葉遣いをすることがほとんど常識のようになっている。同じようなことが、工場や一般企業などで行われている場合もあるらしい。

けれど、そういうのは個人的に、あまり好きではない。職場の人間どうしであまりにくだけた言葉遣いをするのはなれなれしい感じがするし、なんとなく失礼で軽卒な感じがしてしまう。むしろ仕事のときには敬語で話をしたほうが、相手とちょうどいい距離が保ててしっくりくるし、わたしにとっては、これがちょうどいいと思っている。

上司と部下、フランスの関係性

ところでフランスでは、たとえ敬語を使っていても、上司と部下の関係は日本よりずっと風通しがいいと思う。

必要に応じて、部下は自分の上司に、いつでも率直な意見や考えを伝えることができる。日本の場合、同じようにはいかないだろうなと思う。たいてい日本の職場では、上司と呼ばれる人間は年齢が高く、その下についている部下とのヒエラルキー、つまり上下関係も、かなりハッキリしているようだから。

日本にたくさんある「ビジネス書」に驚く

そして日本では、信じられないほどたくさんのビジネス書が売られている。これは、こちらに来てびっくりしたことの1つだった。

・上司とうまくやる方法
・顧客とうまくやる方法
・部下との正しい付き合い方
・誰にでも伝わる話し方

などなど。まるで、1人ひとりの性格のちがいや個性なんて、最初から存在しないかのように、たくさんのマニュアル本が用意されている。

なんと社長向けに、従業員の管理方法を学べる本まで数多く出版されているらしく、本当に驚いてしまった（同じ内容のテレビゲームまであるとか！）。

本音と建て前がないフランス

日本人にとってはあたりまえの〈本音〉と〈建て前〉も、フランスには存在しない。

もちろんフランスにだって、率直にモノを言う性格の人間もいれば、そうでない人間もいる。上司を相手に、自分の考えを気軽に口に出すタイプもいるし、反対にあまり意見を人前で言わず、だまって言うことを聞いて働くタイプもいる。けれど、どちらの場合も、常識的な言葉遣いをしているかぎり、自分の本音を口にしたからといって、とくに問題にはならない。

さらにフランスでは、自分よりも若い人間が上司になることも、まったくめずらしいことではない。

たとえばわたし自身、20代後半の頃にフランスのカナルJというテレビ局で働いていた当時、日本でいう部長にあたるポストに就いていた。

総勢10名ほどの部下たちのほとんどが、自分と同年代か年上で、その大半が男性だった。けれど、彼らからはとくに反発もなければ、変な嫉妬や女性蔑視のような反応もなかったと思う。年齢のことよりむしろ、1人ひとりが、おたがいの能力をチーム全員のためにしっかりと生かしながら仕事をすること、そして、メンバーそれぞれが尊重し合い信頼関係を築くことを大切にしながら、彼らとともに仕事をしていた。

上司は「年配の男性」がほとんど？

そんなフランスとはちがって、部下よりも年齢の若い上司というのは、現在の日本の企業ではまだまだ少ないだろうと思う。年功序列の慣習が根づよく、実際高い地位についている人間の多くは年配の男性だ。つづいて女性、そして、最後に若者というヒエラルキーが、まだまだ一般的。これも日本の風習の一部なのだろうと思う。

ところが、急速なグローバル化によって、日本企業も、いまや海外とかかわりをもたずにはビジネスを成立させることがむずかしくなってきている。勢いよく進化しつづけるテクノロジーにも順応しなければならないために、最近では、勤続年数イコール、問題解決能力の高さ、という図式も通用しなくなってきているのが現状。

かつてのように、海外企業との競争と無縁で、純粋に日本国内の顧客だけを相手にしていればよかった時代は終わりを迎え、年功序列の慣習だけでは、時代の波に乗れなくなってきているように思える。

これは、けっして外国人の単純すぎる見方で日本のことを一方的に批判しているわけではない。その証拠に、じつは、日本国内でも似たような見方をしている著名人は何人もいるのだ。彼らは、日本の年功序列の慣習が、企業の衰退の原因になっていることをずいぶん前から指摘している。

NTTドコモの元執行役員で、現在は慶應義塾大学大学院教授の夏野剛氏もその1人。彼は、わたしよりもよっぽど辛辣な調子で、日本企業の昔ながらの慣習が、グローバル化の波に乗るのを邪魔しているという点をいち早く指摘していた。

ある企業社長へのインタビューで感じた「いらだち」

じつは記者の仕事をしていても、日本企業特有の融通の利かなさを痛感する場面がある。

たとえばどこかの企業の社長に、インタビューを申し込みたいとする。

相手がフランス企業なら、たいていは2～3回の電話ののち返答が来て、面会が成立、もしくは不成立となるところ、日本企業が相手となると、そう簡単にはいかず、毎回、四苦八苦させられるハメになる。

まず、だいたいが、広報担当者と名乗る電話口の人間にこう言われる。

「上司に確認しなければ、返答ができない」

そして、自分が上司に正しい内容を伝えられるかどうかと恐れおののくその担当者に、

「文書で、それもできるだけ詳しい内容を添えてください」と、メールかファックスでインタビューの依頼状を送るように指示されるのだけれど、たいていの場合、そのあとで「内容をさらに詳しく教えてほしい」と追加の文章を要求されることになる。

もし仮にそれでＯＫが出たとしても、今度は、インタビューで質問する予定の内容を事前に送るように指示されるのだ（フランスではこんなことありえない！）。

何日間にもわたる長い長いやりとりを経て、うまくいけば、ようやくインタビューを受けてもらえることになる。

世界の中で、日本企業だけスピードがちがう？

彼らがもしも、記者にたいしてだけではなく、顧客にたいしても同じような態度で接しているのだとしたら……。

これでは、海外の企業のスピードに追い越されてしまってもしかたがない。日本企業のライバル、アメリカや韓国などの企業では、一般的に、それぞれの従業員にもっと裁量の自由が与えられていて、担当者レベルで判断を下すことが許されている。だからこそ、外部からの問い合わせにもスピーディーに対応することができるのだ。

仮に担当者が誤って行き過ぎた回答をしてしまったとしても、彼らは同時に、大事に至る前に、上手に調整するノウハウも身につけている。日本の企業は、能力の差ではなくスピードの差のせいで、つねに自分たちの鼻先で海外企業に先を越されたり点を取られたりしてしまうことになりかねない。

ユニクロが世界で活躍できている「理由」

そんななかでも、前の章で紹介したユニクロ代表の柳井氏は、国際性を身につけた人物だった。

わたしが彼にインタビューを申し込んだときにも、たった2回、電話をかけたあとで担当者につなげてもらうことができ、広報責任者だというイタリア人男性にメールを1通送ったただけで、日本企業にしてはめずらしく、あっという間にインタビューが成立してしまったのだった。

インタビューは柳井氏の社長室で行われた。1時間半ものあいだ、彼は非常に親切にわたしの質問に答えてくれたのを覚えている。質問の内容は、もちろん事前に送る必要などなかった。

ユニクロが海外で急成長しているのは、偶然などではないのだと思う。

ほかの日本企業が常識としていることも国際企業として常識とせず、自らの殻を破って臨機応変に変化を遂げながら、世界の舞台でチャレンジしているのだから。

同じように、ソフトバンク・グループ（グループ代表は、かの有名な孫正義氏）や、大きな方針転換を行ったことで知られているソニーなど、国際的に活躍する日本企業はいくつもある。アメリカと日本の企業文化を理解しているソニーの平井一夫社長は、国際舞台での記者会見をスマートにこなすことで評価も高い。流暢な英語とパフォーマンスを駆使する姿に「ザ・日本人経営者」の面影はない。けれど同時に、多くの日本企業が古い慣習にとらわれ、世界に誇れる技術を持ちながら、それを上手くアピールできず、海外に追い抜かれてしまっているのも、また事実なのだ。

仕事の「役」を演じるのがうまい日本人、プライベートに支配されがちなフランス人

日本人のように職場での人間関係や上下関係があまりにもきびしいと、社員が自主性を発揮したくても、できないんじゃないかしらと心配になる（実際には、そんなことないのかもしれないけれど）。

日本人にとっての仕事とは、まるで「役」を演じることのよう。

誰もがシナリオ通りに動いて、想定された言葉を口にし、自分の個性を隠したまま働いている……そんな印象だ。

均質なサービスがあたりまえ

日本のカフェやレストラン、それから、ふつうのお店でも、店員たちはすべてのお客さんにたいして平等にまったく同じ動作と言葉づかいでの接客を繰り返している。

彼らは毎日、それを繰り返しているのだ。

たしかに客側から見れば、どのスタッフからも均質なサービスを受けることができるわ

けだし、接客態度の善し悪しのせいでムダにがっかりさせられることもなくなるという利点があるのかもしれない。日本人は、そういうところに、とても敏感だと思う。

パリで見かけた「暴言を吐く店員」の話

ところがフランスでは、買い物をするときも食事をするときも、日本とは真逆の待遇を受けることを覚悟しなくてはならない。まず、お店によってサービスの質はまったくちがう。そのうえ店員の接客態度も1人ひとりバラバラで、誰も同じようには接客をしてくれない。だから目の前の店員の機嫌がいいか悪いか、フランスではすぐにわかる（さては奥さんとケンカしたんだな、とか）。彼らはたとえ接客中でも、自分の気分を隠さないのだ。そんな店員に当たった日には、残念ながらイライラ丸出しの接客を受けることになる。ひどい場合にはどなられることすらあるかもしれない。

じつは最近も、パリでそんな光景を目にしたばかりだ。

携帯電話ショップに立ち寄ったときのこと。送られて来た請求書の額に間違いがあると言ってやって来たおばあさんの対応をしていた店員がいた。店員は、

ベビーカーに
やさしくない
パリの店員

その請求書の内容は正しいということを主張するだけ。一歩もひかず、おばあさんに向かって自分たちの側には非がないことをまくしたてていた。ところがおばあさんのほうが、ぜんぜん耳を貸さないものだから、ついに、その店員はキレてしまったのだ。

「だから、正しいもんは正しいって言ってんだろ！　やってられないよ。もう知るか！」

最後はなんと、彼のほうが店を出て行ってしまう始末。

日本ではぜったいにありえない場面（！）。こんなふうにフランスの店員たちは、わがままな客や、人の話を聞かない客の前でけっして「やさしい店員」を演じることはない。むしろ、正直な感情をさらけ出してしまうのだ。

感じが悪すぎる銀行員

それからもう1つ、こちらもやっぱり、パリでのこと。

そのときわたしは、フランスに一時帰国してすぐだったので、現金を引き出そうと銀行に立ち寄り、ＡＴＭを操作していた。ところが、キャッシュカードを挿入した瞬間、機械がカードを吸い込んだまま、戻ってこなくなってしまった。困ったわたしはカードを返してもらおうと窓口に行き、事情を説明した。

すると窓口の女性ときたら、こんなことを言うのだ。

「偽造カードとか、盗難カードなんかを使うと、よくそういうことが起きますよ。あ、そうそう、もしかしたらあなたの口座にお金が入っていないせいかも。いずれにしても、何もしてあげられないわよ！」

大勢の人が見ている前で、こんなことを言うなんて！　わたしのカードは偽造カードでもなければ、盗んだものでもないし、口座にはちゃんとお金が入っていたというのに。

結局、こちらが文句を言い返したところ、女性はとても感じの悪い態度で席を立ち、その場からいなくなってしまった。

パリでは、あちこちの店でこんな調子。カフェの店員たちだって、機嫌の悪い日には、なかなかオーダーをとりに来てくれないどころか、あんまりしつこく呼ぶと逆に八つ当たりしてくる。日本のみなさんはびっくりするかもしれないけれど、こうしたエピソードなら、いくらでも書けそうだ。

全く悪びれず客側に落ち度があると信じて疑わない銀行員たち
結局理由もわからず新規カード発行に一週間かかった

マニュアルが上手な日本人、アドリブが得意なフランス人

たしかにフランス人の接客にくらべたら、日本で受けるサービスのほうがずっと心地いい。ただ、日本の接客については、もう少し人間的で自然な接客サービスを受けられないものかしらと思ってしまう。

いつまでもマニュアル対応は悲しい

たとえば行きつけのカフェでのこと。

その店に行くときは、いつも決まった席に座り、同じものを同じ店員さんに注文しているのだけれど……。毎回、まるで初対面のような応対をされるので、参ってしまう。きちんとマニュアルに沿って応対をしないと店長に叱られるとか、そんな事情があるのかも。でももう少し自然な感じの態度で挨拶や会話をしてくれてもいいのに。

フランスで最高峰のおもてなしと言えば、〈パラス〉と呼ばれる5つ星以上のクラスに認定されるような高級ホテルで働く、クレ・ドールという称号を与えられたコンシェルジ

ュたちのことが、まず頭に浮かぶ。

人間力あふれるサービスとは？

彼らは通常の応対が見事なのはもちろんのこと、高級ホテルを訪れるセレブたちからの突拍子もないリクエストにまで、機転を利かせて、すんなり対応できてしまうプロ中のプロだ。なかでも記憶力は、コンシェルジュという職業には欠かせない能力の1つで、彼らはお客さんの名前や顔や習慣を瞬時に覚えることができ、それによって1人ひとりの客に合わせたきめこまかなサービスを提供している。

まさにクレ・ドールのコンシェルジュたちは、自分自身がそれまでに培ってきた人間力によって、ロボットには決して真似できない究極の接客を実現しているとも言えるのだ。

その点、残念なことに、日本で一般的に見られる接客スタイルの多くは、人間力は求められていないみたい。マニュアルに従って、機械的な応対をするように教育されているのがよくわかる。

とはいえ、少なくとも日本には「お客様は神様」だという精神が残っていると思う。

どんなに困った態度の客が現ても、店員が客を追い出すような事態は、日本ではありえない。店側がかならず腰を低くして、お客が何も買わずに店を出るときにさえ「ありがとうございました」と言って、おじぎをしてくれる。

フランスで買い物をしたら、逆にこちらが店員に「メルシー（ありがとう）」と言って店を出るのがふつうだ。そして、面倒な客が来れば、店側は遠慮なく「お客さん、困りますね」なんて言ってのける。日本人のようにおじぎをするどころか、真っ向から反論をしてくるのがフランス流……。

チップを忘れたらムッとされるフランスの店

たとえばカフェで、サンドイッチやクロック・ムッシュを注文するとき、飲み物を頼まずに「お冷やください」なんて言えば、店員は露骨にムッとして見せるかもしれないし、帰り際にチップを置いてくるのを忘れてしまった日には、次回からあからさまに冷たくされてもかまわないと覚悟をしなければ。

飲食店だけではなく、美容院ですら、こういうことはありうる。シャンプーなしでカットだけをお願いする場合などは、担当の美容師さんにちゃんとチップを渡さないと、次から親切にしてもらえなくなってしまうかもしれない、といった具合に。

ちなみにフランスのガソリンスタンドは、いまやセルフサービスがすっかり主流だ。工事現場のガードマンや、駐車場の管理人、エレベーターガールなど、日本にはあるのに、フランスでは時代とともに消滅してしまった職業が、ほかにもいろいろある。コスト削減の観点から、ムダをなくす目的で廃止されていったこれらのサービスについて、現在ではとくに不便だと文句を言う人もあまりいない。

ところが、一見してムダに思えるこれらのサービスにも、存在する意味や実際の効果があることを、わたしは日本に来てから実感した。

彼らの存在は、たしかにサービスの質の向上に役立っていて、結果的には固定客を呼び込み、それが売り上げの上昇につながっているのだ。

だから、フランスのようにセルフサービス化を進めるだけ進めれば儲かるというものでもない。人件費は抑えられるけれど、そのぶん売り上げもまた、下がっていくのではないかしらと感じている。

「出した荷物が届かない」のがふつう？

そして、公共サービスについて。

フランスにも、日本と同じようにいくつかの公共企業がある。公共企業とは、一部、もしくは全部が国によって運営されている企業のこと。そして、公共の機関であるからには、利用者である国民にたいして常に上質のサービスを提供することが求められている、はずなのだけれど……。

実際、残念ながら、フランスの公共企業の代表格である〈ラ・ポスト〉（La Poste フランス郵政公社）も、鉄道会社の〈SNCF〉も、職員によって接客態度にものすごくバラつきがある。バラつきがあるうえに、日本郵便やJRとくらべると、だいぶサービスの質が劣る（日本郵便も、JRもすでに民営化しているけれど）。

結局、「公共サービス」の質は、公営にするか、民営化するかどうかで決まるものではなくて、働く側の意欲しだいだと思う。

日本にはクロネコヤマトや佐川急便があるけれど、似たような宅配便の会社がフランスには存在しない。

競合がないせいか、ラ・ポストの窓口の職員たちは、一様にヤル気がなさそうに見える（そのくせ、労働環境の改善を真っ先に訴えるのはこの人たちなのだけれど）。実際、サービスの内容も褒められたものではなく、出した荷物がちゃんと相手に届かないなんてこともあるほど。

同じく国内唯一の鉄道会社、ＳＮＣＦも、なんだか似たような感じだ。電車は時間通りに来ないし、運休してしまうこともしょっちゅう。さらに困ったことに、ＳＮＣＦの職員たちはストライキ好きなこと（！）でとても有名。この話は、たっぷり書けるほどなので、この章の最後（177ページ）にまとめたいと思う。

「集団」が得意な日本人、何よりも「個人」が先にあるフランス人

ここまで紹介してきたとおり、上司と部下の関係や、接客やサービスにかんする日仏間のちがいのアレコレを観察していくうちに、わたしは、日本人の仕事にたいする考え方に、はっきりとした特徴があることに気がついた。

盲目的に「忠実」？

これは、規律と集団生活を重んじる国民性、それから、タテ社会の風習が生みだす特徴だと思う。何事にも用意周到でいどむ姿勢や、リスクを避けるために上からの指示に盲目的に従って、個人が責任を負わずにすむ形態を好んだり、あるいは、何事にもあらかじめマニュアルが用意されていて、それに忠実に対応したりといったスタイルは、まさに日本ならではのもの。

とくに悪いことではないと思うのだけれど、ただ、行きすぎてしまうと、ちょっと……。

実際、日本の多くの企業（コンビニだったり、工場だったり、さまざまな職場）では、日々

の業務に対応するためのマニュアルが用意されている。

きっちりとそのとおりに仕事をしていけば、担当者が自分の考えに基づいて問題に対処する必要がなくなり、そのぶん個人レベルで失敗のリスクを負うことも避けられる。つまり不注意や誤解などの〈ヒューマン・ファクター〉をどうにかしてなくそう、というのが、日本社会特有の「マニュアル」主義が目的とするところのようだ。

自分で考えたがるフランス人

じつは、こうした考え方は、フランス人には受け入れづらい。

むしろ、大まかなルールは守りつつも、マニュアルに頼るのではなく、従業員が自分自身の意見や考え方をもとにケースバイケースで問題に対処していくやり方のほうが、一般的だからだ。

日本とフランスのこの考え方のちがいは、3章で紹介した学校での試験問題とよく似ていると思う。

日本の試験では、通常3つか4つの選択肢が与えられて、そこから1つの正解を選ぶスタイルが一般的だけれど、フランスでは質問こそ非常にシンプルなものの、生徒に選択肢を与えるようなことはいっさいしない。数学にしろ、歴史にしろ、哲学にしろ、生徒がこれまでに習ってきた知識のなかから自力で答えを導き出して、文章にしなくてはならないのだ。

「想定外に弱い」日本社会

日本方式の教育の難点は、とくに、想定外の問題が起きたときだ。マニュアルもなければ、はっきりとした指示ももらえないという状況のもとでは、解決に当たる人間はパニックを起こしてしまい、対応がうまくできなくなってしまうんじゃないかと思う。

２０１１年に起きた、福島第一原発の事故のときも、これと似たような状況だったのかもしれない。

ここまで大規模な事故は、それまで想定すらされていなかったのだと思う。誰もが正解を求めていたけれど、こんなとき、当然マニュアルは役に立たない。

反対にフランス方式の教育のデメリットは、担当者の能力やキャラクターによって、結果が、１８０度変わってしまうことだろう。

だからこそ、仕事をするうえでは、マニュアルや与えられた指示に頼ることなく、その場に応じた的確でスピーディーな行動力と、状況を正しく分析する能力、そして、それらを支える経験値などが求められる。

日本では、誰がどの仕事を担当したとしても同じようにリスクを回避できるように、いかに〈ヒューマン・ファクター〉を取り除けるかが重要視されるけれど、フランスでは個人個人が持っている、想定外の問題に対処する人としての力量が評価されるものなのだ（今のところ、こうした仕事はロボットにはできない）。

結局は「あなた次第」なのだが

じつは、日本とフランスの仕事にたいする考え方のちがいは、本屋さんの棚にも、はっきりとあらわれている。

先にもふれたが、日本で本屋に行くと、たくさんのハウツー本（まるでマニュアル！）がずらりと並んで、それも、あらゆる分野をカバーしているので驚いてしまう。けれど、フランスでは、本屋に行っても、こんなに詳しい指南書は手に入らない。実用書はどれも、各分野を大まかに体系づけ、理論づけるようなものばかり。実際にその内容をどう落とし込んで活用するかは、「あなた次第ですよ」というわけだ。

「バカンス」のために働くフランス人、「ちゃんと働く」ために休む日本人

ニッポンのサラリーマンの有給休暇《バカンス》取得率は、平均すると、50パーセントにも満たないそうだ。しかも長い間、この状況には変化が見られないそうで、これを聞いて、驚かないフランス人がいるだろうかと思ってしまった。

有休消化率100パーセントのフランス人

だってフランス人にとって、仕事とは、お給料をもらいながら定期的に休暇を楽しむことを意味するようなものなんですもの。与えられた有給を半分も利用しないなんて、思いもよらない人生の送り方だ。

フランス人の有給取得率の平均は100パーセント！　しかもフランスの有給休暇は、日本とくらべてずっと長い。最低でも年間で5週間は保障されているのだ。

さらに、RTT（Réduction du temps de travail　労働時間短縮）休暇と呼ばれる休日――つまり、法律で定められた労働時間を超過して勤務した時間の給与が、残業手当分こみで日数に換

算されて、代休として与えられるので、実際は、もっと長く休むことができる。

労働時間はどんどん短くなっている

ちなみに、労働時間についてちょっと解説をすると、フランスでは2000年以降、従業員が20名以上いる会社は、週の労働時間が35時間までと法律で決められている（2002年従業員が20名未満の会社も同様の法律が適用されることになった）。

フランスの代表的な百科事典『ラルース百科事典』によれば、19世紀以降、フランス国民の労働時間は、「余暇を与えることで、従業員の健全な生活を保障するために」ずっと、短縮されつづけているそうだ。1841年まで時代をさかのぼると、当時のフランス人は1日14〜16時間働いていたらしい。それから2世紀も経たないうちに、人々の労働時間は当時の半分の長さにまで短縮されたことになる。それから、1936年に有給休暇制度がはじめて施行されて以来、公的に定められたバカンス（休暇）の日数は、逆に延びつづけている。1936年といえば、週の労働時間が法律で40時間と定められた年でもあった。

その後、労働時間にかんする法律は改正され、1982年には週に39時間までと短縮されたのだけれど、激しい討論を経て、最終的には2000年に35時間にまで短縮され、現在に至っている。これらの労働時間の短縮は、雇用の機会を増やし、失業率を下げる目的で行われてきたのだが、結果的にこれは失敗だった。

本心では「休みたい」日本人

一方、日本は事情がまったく異なる様子。従業員は超過勤務をしまくり、バカンスにも出かけない。

実際に日本で暮らしているうちに、わたしは、ほとんどの日本人が本音では休みを取りたいと思っているものの、まわりの人間が休まないのに自分だけ休むのは悪いからと遠慮をしたり、がまんしたりしている、ということに気がついたのだけれど、そんな悪循環を生むルールで、いったい誰が得をするのかしら？

逆にフランスの管理職たちのように、日本の部長や課長たちも率先して有給休暇を使い切ってくれれば、部下たちのあいだにも休暇を取る習慣が根づくかもしれない。

日本人が休暇を取ることに消極的なのは、同僚たちに余計な負担を負わせたくないという、仲間を案ずる気持ちが、たしかに背景にあるのだろう。それも、やさしさかもしれないけれど、結果的に誰も休めない状況を生みだすだけ。みんなでストレスを溜めてしまっているのでは意味がない。これではなんのための権利なのかわからないじゃない。

バカンスは、何もしない時間

ちなみにフランス人がバカンスで、何をするか知っているだろうか。

答えは……何もしないのだ。

わたしが子どもの頃、家族でラ・トランブラド（La Trembrade）という海辺のリゾート地へ行き、のんびり過ごした日が懐かしい。何もしないで、ただ自然のなかを家族と散歩したり、昼寝をしたり、海で泳いだり、バーベキューをしたりする3週間こそが、本当に贅沢な時間なのだ。またそれは何も「お金持ち」でなくてもできることだった。滞在費はそれほど高額でもないし、多くのフランス人がそのように過ごしたことからも、わかるだろう。

日本人がこのような長期滞在型のバカンスの過ごし方ができないのは、もしかしたらホテル代やロッジ代が高いということも関係しているかもしれない。同じように北海道で過ごそうと思ったら、いったい、いくらかかるのかしら！

有給休暇は病気に使わないフランス人

驚いたことがもう1つある。日本人が、病気をして休む必要があるときにまで有給休暇を使っているということだ。かつて、わたしは病気をして、10日間自宅療養をしなければならなくなった。すると、会社で労務を担当する日本人の女性（とても優秀な女性だ）がやって来て、親切にも診断書を提出して疾病手当金などの申請をすることはやめて、残りの有給を使うようにとアドバイスをくれたのだ。

「実際にわたしは病気をしたんです。手当を受け取る権利があるというのに、それではどうして毎月社会保険料を納めさせられているのでしょう？　大事な有給を犠牲にする意味はないと思います」

こう断って、きちんと手当金の申請をさせてもらった。とはいえ、同じ会社で働く日本人の同僚たちが、もし病気で10日休まなくてはならなくなった場合には、きっとわたしと同じようなやり方はしないだろうと思う。それに、実際の手続きは、会社に提出する診断書を病院が発行してくれるまでに時間がかかったり、発行手数料をいくらか取られたりと、面倒な面もあった。

わたしも休むから、あなたも休んで

日本人とフランス人とでは、休暇にたいする考え方がこんなにもちがうのだ。このちがいは、働き方にも、じつによく現れている。

フランス人は、毎日の残業を避けるため、そして、年に数回の長期休暇を取るために、気をつけていることが2つある。1つめは仕事のスピードアップを図ること。そしてもう1つは、同僚に自分の仕事を頼むのをためらわないこと。なぜって、彼らもどうせ休暇を取るのだから、結局はおたがいさまなんですもの。チームワークの意味を、日本人は「同時間、一緒に仕事すること」と考えがちだが、本来は「順番（交替）で仕事をすること」ととらえてもいいのだ。

いつか日本人が有給休暇を100パーセント取得する日が来るようにと願っているけれど、そのためにはメンタリティから根本的に変えていく必要がありそうだ。いきなり100パーセントはむずかしくても、せめて、実際に休暇を取った従業員が、会社から罰されなくてもすむようになればいいのにと思う。もしかしたら、休暇を取りやすい環境をつくるためには、それなりに引き金となる施策が必要なのかも……。たとえば有給休暇100パーセント取得者には、ボーナスを出すなんて、どうかしら？

ストライキばかりのフランス人、退職まで一度もストライキをしない日本人

わたしが記者として勤めているAFP通信社は、世界でもっとも歴史のある報道機関の1つ。世界各地にある支部を含めると、合計160ヵ所に拠点があり、そこで働く記者は総勢1500名を数える。本社はフランス、パリ。

ストライキはもはや伝統？

じつは160もの支部があっても、ストライキを起こすのは、なんとパリの本社だけ。そう、ご存知のとおり、フランス人はほんとうによくストライキを起こす。まるで伝統と化しているくらい。当然、報道機関も例外ではなく、日々あらゆる業種であたりまえのようにストライキは起きている。

パリ本社の記者たちは、どんな理由でストライキをするのかって？

実際に、もっともな理由で起こす場合もあれば……他にも、まあ、いろいろと、記者の職業とは関係ないことも含まれます。たとえば、単にオフィスが移転することになったの

が気にくわないとか、予定されていた休暇の日程が変更されたことが気に入らない、なんて場合もある。

交通機関はストライキがお好き

あらゆる業種と書いたけれど、特に、フランスの公共交通機関はストライキが大好きだ。誰でもフランスに滞在したことのある人なら、きっとすぐに気がつくはず（地下鉄や電車はしょっちゅうストライキを起こして運行本数を間引く。3本に1本とか、5本に1本とか。これが何日もつづく場合もある）。

ゴミ収集業者がストライキを起こす場合もある。

彼らにも、何か言い分があるのでしょうけれど、完全に仕事を放棄してしまうものだから、そんなときはパリのあちこちの道路にゴミが積み上げられてしまうのだ。

当然、街はクサくなるのだけれど、だからといって、誰も片づける気配はなし。

しかもこれが、交通機関のストと同時に起きることもあって……。さすがにこの期間だけは、パリも、光の街、芸術の都、と呼べるような状態ではないかもしれない。

先生だって保育士だって主張する

じゃあ、郵便局がストを起こしたら？　急いで送りたい荷物があっても、あきらめるしかない。さらに学校の先生まで（！）躊躇なくストライキを起こして、ときには保護者になんの予告もなく授業を休んでしまうものだから、とくに小さい子どもを持つ親たちは困ってしまう。

　保育園の保育士たちも例外ではなく、ストライキのときには、「自分たちの権利を守るため、今日はお子さんを預かれません」と断ってくる。

　たしかにストライキは、労働者が自分たちの権利が不当におびやかされていると感じたときに起こすものだもの、しかたがない。労働者が自らが置かれている労働環境に不満を表明し、改善を求めたいと思ったときには、とても重要な交渉手段であり、大事な権利の１つだ。

　ただ、だからこそ、本当に重要な交渉のときに効力を発するは

ずなのだけれど……。ちょっとフランス人は、この権利を行使し過ぎかもしれない。

「飲み会への参加強要」でストを起こしてもいい

逆に、まったくと言っていいほどストライキを起こさない日本人には、ほんとうに目が点になってしまう。信じられないような気持ちだ。

実際に、日本の人たちが置かれている労働環境にも、改善を訴えてしかるべき点は、たくさんあるはずなのに。

ブラック企業にかぎったことではない。たとえば、従業員の人権を無視して、残業代も出さないまま、何時間も何時間も拘束して遅くまで働かせたり、土日も休まず働かせたり。飲み会への参加を強いられたりする場合だって、ストを起こしていいはず。フランス人が同じような労働条件で働かせられた日には、すぐさまストライキを起こすと思うのだけれど。

どうやら日本には、雇用者と従業員のあいだに一種の暗黙の了解があるようだ。雇用者は、終身雇用を保障する代わりに、従業員を自分たちの運命共同体として、なんでも従わせるような風土がある。

ところがフランスでは、雇用者と被雇用者とのあいだにも共同体なんていう概念ははじめからなく、むしろ、つねに敵対しているような感じ。従業員側は、いつでも経営者の方針しだいで、自分たちが犠牲になる可能性があることを知っている。だからこそ、ストライキが繰り返し起こり、両者のあいだの緊張感を保っている面もある。

権利を主張しないのが美徳？

ストライキを起こす権利自体が、非常に大切な権利なのだ。ときには本当に必要な場面だってある。この権利なくしては、自分たちを守れない場面もたしかにある。本来は、そのためにあるのだから。

いわばこれは、最後の手段。日本人も自分たちの権利を主張するために活用しない手はないのにと残念に思う。ときどき、日本人の働き方を見ていると、あまりにも会社に忠実で（それは、長所でもあるけれど）、自分たちの大事な権利を忘れてしまっているのではないかしらと心配になるくらいだ。

colonne 3

日本で起こる「過労死」について深く考えた

こちらは、2016年10月、日本の過労死をテーマにフランスの週刊誌『ル・ポワン（Le Point）』誌上にて、フランスの読者に向けてわたしが書いた記事だ。ほかの章とくらべて、雑誌のジャンルと、原文そのものを意識した、カタい文章になっていることを先に述べておく。

2015年のクリスマス当日、日本の大手広告代理店、電通に勤務していた若い女性社員が自殺を図った。彼女は当時24歳。大学を卒業して間もない新入社員だった。遺族と遺族側の弁護士の訴えに対し、労働基準監督署は彼女の死を時間外労働が大幅に増えたことによる〈過労死〉であると認めた。

日本では広告業界に限らず、あらゆる業種での過労死が毎年10件以上報告されている。

折しも日本政府は、女性活躍の促進こそ人手不足解消のカギとして、現状より多くの女性を企業で働かせたいと躍起になっているときだけに、今回の一流企業に勤務する若い女性社員の自殺は、特に注目を集めることになった。

日本の女性たちが政府からの期待に応えるためには、企業側が現状を見直し、彼女たちが働きやすく、魅力的な環境を整える必要があるのだ。

日本の厚生労働省が２０１６年10月に発表した『過労死等防止対策白書』によれば、全体の約４分の１以上の企業で、正規雇用の社員に対して１ヵ月間あたり80時間を超える時間外労働を負わせているとのこと（１ヵ月あたり80時間を超える残業時間は、一般に過労死ラインと呼ばれ、過労死のリスクが高まる基準とされている）。

さらに、毎月社員の時間外労働時間が１００時間を超えるような会社もあり、その数は、全体の12パーセントを占めるという。改正された新しい法律のもとでは、過労死の80時間のラインを超える「残業１００時間」は何の意味もないだろう。

じつはこの白書は、現状を数字でまとめたものに過ぎない。過労死問題がおよぼす影響の範囲（実際にかかわっている社員の数など）や、もともと労働時間として規定されている40時間を超える、過度な時間外労働を防ぐための解決策は、とくに示されていない。

作家で人事コンサルタントの城繁幸氏は日本の労働環境についてこう指摘する。

「事実上、何時間でも働かせていいことになっている」

要するに、何時間でも働かせたあげく、ときには死にいたることまであり得る、ということだ。

日本の雇用形態の特徴について、城氏はさらにこう指摘する。

「雇用者側と被雇用者のあいだには、おたがいに暗黙の了解がある。雇用者側は、社員に終身雇用を保障するが、その一方で、彼らにたいして会社の求めには、なにがなんでも応じるように期待する。そのために、社員たちは個人の仕事の範囲がほんとうはどこまでなのか、肝心なところは曖昧にされたままで、仕事をさせられていることになるのだ」

つまり日本のホワイトカラーたちは、正確に個人の仕事の範囲を定めた契約に基づいて雇われているわけではなく、何時間を仕事に費やしたかで給料をもらっていることになる。そのせいで、1つ仕事が終わったと思ったら、またつぎの仕事と、つぎからつぎへと仕事を頼まれ、上司が「今日はここまで」と決めるまで帰れないのだ。

「1つ終われば、またべつの仕事を頼まれる。仕事はいくらでもあるんだぞという環境では、〈自分の仕事が終わったので帰ります〉という言い分は通用しない。さらに、同僚や上司が残っているのに、自分だけ帰ってしまうのは、まわりからもよく思われない。そうした慣習に慣れきってしまうと、この働き方以外、できなくなってしまう」

このように、城氏は説明している。

労働時間の上限を誰も望んでいない？

ではなぜ、日本では、労働時間の上限を決めることができないのだろう？　前述の城氏によれば、経営者も労働者組合も、それを望んでいないのが実態だそうだ。

労働問題に詳しい作家で、NPO法人「POSSE（ポッセ）」の代表理事を務める今野晴貴氏は、つぎのように語る。

「日本の労組は、企業との結びつきがとてもつよい。労働者の権利を守ることはほとんどしない。給料の引き上げを交渉するのみで、あとは経営者たちの言い分に従っているようなもの。非正規社員の権利にも、無関心だ」

じつは日本の賃金というのは、もともと残業代が発生することを見込んで設定されているため、時間外労働なしでは、とても低い額になってしまう。これは正社員にも非正規社員にも当てはまることだ。

また、非正規社員の場合は、さらに無理を強いられる。あやふやな労働時間の概念の煽りを受けてしまいがちなうえに、正社員たちがその〈献身〉と引き換えに得られるボーナスや昇給なども与えられず、終身雇用を約束されているわけでもない。

いまだにワーカホリックな日本人

1980年代、バブル全盛期には多くの日本人が〈仕事の鬼〉だったことを思うと、現在では、だいぶ労働時間が短縮されたが、いまだに彼らがワーカホリックであることはたしかだ。

前述の厚生労働省の白書によれば、「現在、年間の総労働時間の平均が以前とくらべて短くなっているように見えるのは、あくまでもパートタイム労働者が増えたため。フルタイム労働者だけに絞って計算をすると、日本人の年間総労働時間平均は、2000時間にも及ぶ」らしい。

もともと労働基準として定められている規定の労働時間（週40時間）を超えて、週に20時間の残業をした場合、人間の健康状態はどうなるのか。

そうなると、一晩眠っただけでは、回復できないほど疲労が蓄積した状態になるという。

２０１５年に行われた調査によれば、実際に週20時間以上の残業をしている従業員の数は、全体の８・２パーセントで、業種によってかなりバラつきがあることがわかっている（運送業が20パーセント、建設業が12・5パーセント、教育関係者が12パーセント）。

過労死問題は、いまや日本国外のメディアにもたびたび取り上げられ、単なる数字が紹介されるだけではなく、問題そのものが注目を集めだしているというのに、当の日本では、厚生労働省が作成した白書は現状把握に止まり、過労死という悲劇を実際に社会から失くしていくための解決策は、これといって示されていないままだ。

ちなみに、同白書には、こう書かれている。

「過労死等の実態の解明のためには、労働時間や職場環境だけでなく、商取引上の慣行等の業界を取り巻く環境（職場での上下関係の厳しさや同僚との関係、生活の質〈ＱＯＬ〉など）、生活時間等の労働者側の状況等、多岐にわたる要因及びそれらの関連性を分析していくことが必要である」

現在、日本の首相が行っている「働き方改革」という取り組みも、実際に日本国民のメンタリティ自体に変化を起こすのには、数年では足りない。数十年という長い道のりを覚悟しなくてはならないだろう。

chapitre

7

Les trains, les supérettes et les services de livraison du Japon, c'est génial !

日本の鉄道とコンビニ、
そして宅配便はすごい

正確すぎる日本の鉄道、ストライキばかりで予測できないフランスの鉄道

何を隠そう、わたしは、身のまわりの出来事を数字や統計で見るのが大好きだ。とくに日本に来てからというもの、新しい発見があまりにも多く、驚かされてばかりなので、あらゆる分野の統計をしょっちゅう調べている。

集団が美しく動く東京の駅

たとえば東京で、電車や地下鉄に乗るときにいつも圧倒されるのは、大勢の人間が、非常に短時間のうちに事故もなく改札を通り抜けたり、電車の乗り降りをしたりしていること。

それにひきかえパリのメトロときたら、たった1人の人間が改札を通り抜けるだけで、15〜20秒はかかってしまう（大げさではなく本当に！）。じつは無賃乗車を防止するためのシステムが改札に取り付けられているために、構造上、通り抜けるのに時間がかかってしまうのだ。

こうした工夫をしないかぎり、パリでは無賃乗車をする人間が後をたたないせいなのだけれど……ただ、正直、急いでいるときには、とっても不便。どれだけ不便かは、実際に見てもらえばきっとわかると思う。同じものを東京の地下鉄に設置したとたん、1時間で行列ができてパンクしてしまいそうなシロモノなのだ。

1分で80人をさばく「東京の改札」

東京の改札は本当にすばらしいと思い、わたしは、さっそく数字を調べてみた。東京の改札は、なんと1分間に80人もの人間が、それも、押し合う必要もなく、スムーズに通り抜けられるようにできているらしい。日本という国は、こうした〈便利さの追求〉が、ほんとうに得意。つくづく感心してしまう。

便利なのは改札だけじゃない。日本の駅には、すぐれた券売機も設置されている。

パリのメトロの切符を券売機で買うと、たった1枚の切符を買うために、冗談抜きに上手くいっても1分も2分もかかってしまうのだ。ちなみにわたしは5分かかったし、夫はとうとう切符を買えなかった。日本の券売機なら、20秒とかからない。

ほかにも日本の鉄道のすばらしさを挙げたらキリがない。新幹線の速さ、そして、列車の到着時刻の正確さ、などなど。日本人にとってはあたりまえ過ぎる話かもしれないけれど、時間どおりに来ない電車を待たされるのストレスは、フランスで電車を利用してみれば、きっとわかってもらえると思う。

「時刻表」がないパリの地下鉄

そもそもパリの地下鉄には、時刻表と呼べるようなものがない。電車はだいたい2分から3分置きにやって来る。もしそれ以上経っても電車が来ない場合は？　その場合は、ただひたすら、待つしかない。

バスの場合はもっとひどくて、2台のバスが1分と間を置かずに立て続けにやって来たと思ったら、その次のバスは1時間待ってもまだ来ない……なんていうことも、めずらしくないほど。

旅行で短期間滞在するだけなら、フランスのこんな交通事情も笑い話ですむと思うのだけれど、これが毎日のこととなると、本当にうんざりしてしまうもの。

わたしがパリに住んでいたときには（11年間も暮らしていた）、もっぱらスクーターで移動することにしていた。スクーター生活を送るうえでの苦労は、まず、盗難を補償してくれる保険会社を見つけることだった（見つけるのはとても大変）。わたし自身は、過去に使用していたスクーターのうち、2台が盗難に遭い、あと3台は壊されてしまった。こんな苦労も、パリならでは。フランスの調査会社、〈トラクール〉によれば、毎年盗難の被害に遭うバイクおよびスクーターの台数は、5万台から6万台にものぼるそう。そのうちの25パーセントがパリ市内と、パリ郊外で起きており、なかでも盗まれやすく、人気が高いのは、ホンダ、ヤマハ、スズキなど、日本製のバイクやスクーターなのだとか。

わたしは「コンビニ」が大好きです

ところで、わたしがこれまで特別にびっくりさせられた日本の統計といえば、なんといってもコンビニにかんする統計だ。じつはわたしは、コンビニが大好き。これほど面白い数字が得られる場所はほかにないと思うくらい。まるで、社会学の〈ラボ〉のようでわくわくしてしまう。もしも、何も知らないフランス人に、

「日本には約5万5０００店舗のコンビニ（２０１7年夏現在）があって、ほぼ全店が24時間ずっと休まず営業しているの。1つの交差点だけで、3店も4店もコンビニが見つかることもあるわね」

と教えてあげたら、きっと、眉をひそめてこう言うだろう。

「夜中に店を開けていたって、誰も来ないだろうに。なぜそんなに、たくさんの店舗が必要なの？　意味がわからないね」

ところが実際は、日本のみなさんならよくご存知のように、コンビニには昼夜問わず、いつも誰かしら、お客さんがいるもの。

ただ、フランス人には想像がつかなくても無理はない。首都であるパリにさえコンビニがないのだから。

コンビニのない暮らしがあたりまえになっているフランスでは、それが習慣になっているので、夜中に急に買い物に出かける必要がないよう、みんな自然と気をつけて生活をしている。万が一必要に迫られても、朝まで待つだけ。

パリを含めたフランスの大都市には、夜中まで開いているお店もあるけれど、たいていは夜中の12時か、遅くとも午前1時くらいに店じまいしてしまう（夜中まで開いている店の多くは、できるだけ長時間働いていたいと考える移民の人たちがやっているお店だ）。それ以上遅い時間になると、開いている店は見当たらない。

フランスでは法律で禁止されている深夜営業

じつは、フランスの現在の法律では、夜中にコンビニのような店を営業することは、ほとんど不可能になっている。

法律そのものを変えようとしても、フランスでは労組が非常に大きな力を持っているので、夜通し人を働かせるというアイディアを受け入れてもらうのは、なかなかむずかしい。日曜営業でさえ、フランスでは簡単にはいかないのだもの。現状では、日曜に開いている店はあるものの、これは少しずつ、少しずつ、法律に変更を重ねていって実現させた結果であって、日本のように曜日に関係なくどこでも買い物ができるというわけではない。

そんな状態なので、ましてや夜中に人を働かせるとなると、多くのフランス人が反対の声を上げるだろうなと思う。

その一方で、なかには、「24時間営業のお店があれば便利」「失業中の人々に雇用の機会を与えることになる」といった意見もある。わたし自身としては、24時間営業のコンビニエンスストアの存在にも、ちゃんと意義があると思うのだけれど。

たとえばコンビニは、いまや日本国内の立派なインフラの1つとして数えることができそうだ。とくに災害が発生したときには、非常に便利なはず。ただしこれは、災害が多く起きることが前提になるので、もともと自然災害の少ないフランスでは、あまり考える必要のないことかもしれない。

ちなみに、一般社団法人日本フランチャイズチェーン協会による統計を見ると、コンビニ1店舗あたりの来店者数は、1日平均で約890人にもなるそう。つまり、1時間あたり約36人の客がコンビニを訪れているというわけだ。

また、1回の買い物での平均使用額は、1人あたり平均600円。買い物の内容にかんする統計の数字はさらに面白くて、たとえばカップヌードルを購入するのは、男性客が多いけれど、反対に女性客は、サラダを買うことが多いとわかっている。お菓子は男女問わずの人気商品。そのなかでも、とりわけ若い男性が好んで買っているようだ。

「日本のコンビニ」記事は海外でも人気

1軒のコンビニに、毎日商品を運び届けているトラックの台数は、1日平均9台。それぞれのトラックが、管理温度別に分類された商品をそのつど運んでいる。

じつは以前、海外向けに、コンビニにかんする記事を書いたことがあった。そのとき取材をしたセブン－イレブンの担当者の方が教えてくれた話によると、1970年代後半、コンビニが日本に誕生して間もない頃には、24時間中、1軒の店舗に、約70台ものトラックがつぎつぎやって来ては新しい商品を補充していたそうだ。

このとき書いた記事は、海外の読者から、とても大きな反響を呼んだ。このほかにも、わたしが日本をテーマにフランスで出版した『日本人』の中でも、〈コンビニ〉の章は、読者から人気の高かった記事の1つだった。

夕方、フランス人がスーパーに猛ダッシュするワケ

いつかフランス人にも、コンビニのコンセプトが受け入れられる日がくればいいなと思っている。それによって、フランス人の日常のストレスを軽減してくれる部分がきっとあるはず。

たとえば子どものお迎えも、今のように、猛ダッシュして向かわなくてすむ。フランスのスーパーマーケットは閉店するのが早いために、子育て中のパパやママたちは、夕飯の買い物に間に合わせるために、必死でお迎えを急ぐものなのだ。電車や地下鉄が止まってしまうと（ストライキなどで）もう大変だ。買い物に間に合うのかどうか、ヒヤヒヤさせられてしまう。

パリで夕方まで開いている郵便局は1ヵ所だけ

パリで夕方を過ぎても開いている郵便局は、1ヵ所だけだ。それでも19時か20時には閉まってしまう。コピーをとったり、写真をプリントしたり、請求書の支払いをするためにも、フランスにコンビニができればほんとうに便利なのに。

フランスでは、ATMを使いたいときにも銀行に行くしかない。そのほとんどが、銀行の建物の外壁に設置されていて、道路に面しているために、夜遅く若い女性がATMを使用する場合、強盗にあってしまう可能性さえある。

道で危険な目にあったときに駆け込める場所として、日本には交番があるけれど、交番をずっと上回る数のコンビニがあちこちに存在しているので、何かあったらすぐに避難することができて安心だ。

パリでは、そんなときに駆け込める安全な場所を見つけようとしても、なかなかみつからない。各区ごとに警察署があるけれど……見つけるまでに、どれくらい時間がかかってしまうかしら。

本当にすごい日本の宅配便、本当に届かないフランスの荷物

コンビニ以外にも、日本には、フランスにはない独特のサービスがいろいろとある。

クロネコヤマトや佐川急便に代表されるような宅配便サービスもそのうちの1つ。

コンビニと同様に、国による公共事業ではなく、民間企業が提供している、とっても便利なサービスだ。

フランスは郵便局だのみ

じつはフランスでは、誰かに荷物を送りたいと思ったら、郵便局を利用するしかない。海外貨物を扱うＤＨＬなどの会社もあるけれど、そうした民間の宅配サービスは、ビジネスの用途でしか利用されていないのが現状だ。

しかも野菜や果物を、離れて暮らす家族や友人に送るとか、インターネット通販で生ものを購入するなんていう発想はフランス人にはまるで思いつかない。冷凍庫つきのトラックで生ものを運んでくれる〈クール便〉のようなサービスがもともと存在しないのだから。

荷物が「行方不明」になるのは、なぜ？

フランスの郵便局も、24時間から48時間で、全国どこでも配達が可能という点では、日本の宅配便サービスと変わらないように見える。ただし指定の配達時間どおりに届けてくれるかどうかはかなりあやしいところ（時間内に配達できないときは送料を返済してもらえることになっている）。しかも配達の途中で荷物が行方不明になってしまったり、誰かに開けられてしまったり、間違った住所に届けられてしまうなんてことまである。

こんな、あまりにもひどいフランスの郵便局の配達事情は、じつは雑誌にも取り上げられてしまうほどで、実際、フランス消費者組合連盟が発行している機関誌「UFCク・ショワジール？」が、「ラ・ポスト（郵便局）は、利用者をバカにしているのか？」というタイトルで2013年に取り上げている。

この雑誌は、あらゆる商品やサービスを対象に綿密な調査を行い、その実態をあばくことで有名だ。郵便局の宅配便サービスについても隅々まで調べ上げたようすで、とくに、配達中の荷物の紛失にかんしては、驚くべき数字が紹介されていた。

なんと、2011年の調査当時、紛失被害に遭った人々からのクレーム件数は、1年間に約140万件もあり、さらにこの数字は前年度の2010年とくらべて4万件も多いのだという。

実際、大勢の被害者が、理由もわからないまま荷物を紛失されたとネット上に書き込み、不満の声を上げている。とくに、アマゾンなどのオンラインショップでの買い物で、注文した商品を失くされてしまうケースが多いそうだ。

じつは、わたしの夫もあちらで被害にあったその1人。1年間のフランス滞在のあいだ、実家のお母さんが送ってくれた荷物のほとんどは、彼のもとに届かずじまいだった。荷物が届いていないかどうかを確かめるために、毎日、毎日、郵便局に通うものだから、ついにある日、うんざりした窓口の職員から、逆に文句を言われてしまったとか……。

わたし自身にも、同じような経験があるので気持ちはよくわかる。だからこそ、日本の郵便局や宅配便サービスの優秀さには心底感動してしまう。郵便局の受付の人や、荷物を配達に来た宅配便のドライバーさんに、いちいち抱きつきたくなってしまうほど。それくらい、日本のサービスは非の打ちどころがなく、カンペキなのだ。

chapitre

8

Les Français aiment-ils tant la politique?

フランス人は「政治」がお好き？

政治が好きなフランス人、政治を語らない日本人

ストライキを通じて自分たちの意見を主張することがあたりまえのフランスでは、「デモ活動」も同じくらい、さかんに行われている。とくに労働条件にかんする抗議では、デモ行進が同時に行われることも、めずらしくない。

デモの目的はさまざま

ほかにも、人々がデモをする目的はいろいろだ。たとえば、「結婚の権利を（同性愛者含め）平等に！」とか（現在では認められるようになった）、「移民の人々に避難所を！」といったデモ行進が行われることもあれば、原子力発電所の閉鎖を求めたり、新しい空港の建設に反対したり。中学校・高校の教育カリキュラムが大幅に変更されることについて、政府に抗議するためにデモ行進をする人々もいる（この場合、生徒たち自身もデモの立派な参加者になる）。

デモ行進は日常の景色の1つ

デモ活動への参加自体が、フランス人にとっては特別でもなんでもない、いたってふつうのこと。よっぽど危険な暴動が予想されるようなケースをのぞけば、規制されることもほとんどない。規模はさまざまで、数千人単位のものから何十万人、ときには百万人を超える参加者が街を練り歩く大規模なものもある。

フランス人にとってデモ行進は、日常の景色の一部みたいなもの。

逆に、そんなフランス人の目には、たとえ不満を抱えていてもストライキもデモ行進も行わず、ほとんど抗議の声を上げない日本人の姿は、とても不思議に映るもの。

1度、実際にデモを行っている日本の人たちを見かけたことがあるけれど、その場で監視していた警官のほうが、デモ隊の数よりも多くて、びっくりしてしまった。こんなこと、フランスでは考えられない。

抗議活動は、人々の日常を乱すものだからこそ、自分たちの主張をよりアピールできるというもの。人に迷惑をかけないデモ行進を行ったところで、誰の目にも止まらずに終わってしまうのに。

日本の抗議集会のほとんどは、誰にも迷惑をかけないように配慮がされている。道路をきちんと半分に区切り、デモ行進と車や通行人がぶつかり合わないように交通規制までされたりして、これでは〈衝突〉なんて起こりようもない。

「政治に興味がない」は恥ずかしい？

ただ、デモが頻繁に行われるからといって、フランス人なら誰でも、すべてのデモに賛同しているのかと聞かれると、そういうワケでもない。あくまでも自分と同じ主張のデモを支持するだけだ。とくに、政治的に見て、デモの内容が自分の意見と重なっていれば、共感をするという感じ。そもそもストライキやデモだけでなく、政治そのものにたいする人々の姿勢も、日本とフランスとでは、だいぶちがうようだ。

フランスでは、ほとんどの人間が、政治に興味を持っている。または、興味はなくても、あるフリをするのだけれど、それにたいして日本では、職場でも、友達どうしでも、政治についてあえて自分の意見を語り合うことはしない。むしろ避けるべき話題の1つと思われているように見える。

じつは、フランスではいつも、「あの政治家のいいところは……」「悪いところは……」なんて調子で、友人たちと思いっきり議論をしていたのに、最近は日本にいて、それができずに、物足りなく感じている。日本では、友達どうしでご飯を食べるときも、話題は血液型の話なんかで終わりがちだけれど、これがフランスだったら、ひとたび友達が集まって食事をすれば、話題は自然と政治のことになるもの。そして最後にはおたがい激しく意見をぶつけ合って、言いくるめたり、言いくるめられたりするのを楽しむのだ。

子どもの頃から議論好き

わたしたちフランス人は、そうやって議論をするのが大好きなのだ。これは大人にかぎったことではない。10代の頃から誰でも政治について身近な人間と語り合うのがふつうだ。なんといっても、フランスの大統領選は全国民投票制。18歳以上の国民すべてに大統領を選ぶために投票する権利が与えられているので、日本の政治とくらべると国民が直接政治に参加しているという手応えを感じられる。それが、フランス人が政治に熱い理由の1つかもしれない。

その点、日本にはフランスの大統領選ほど盛り上がる選挙は存在しないし、参院選、衆院選、どちらのときにも投票率が低いのもしかたないような気がしている。

大統領選挙はフランス人にとってはまさに一大イベントだ。選挙の直前には、子どもから大人まで多くのフランス国民が見守るなか、候補者による熱い討論のようすがテレビで放映される。そして開票日当日、当選者の名前が発表される瞬間には、さらに大勢のフランス人が、まるで自分のテスト結果を待つときのようにドキドキしながら、テレビの画面に釘付けになるのだ。

ルペンとマクロン

また、じつはマニフェストだけでなく、候補者たちの個性的なキャラクターも、国民が政治に夢中になるのに、一役買っている。人によって好き・嫌いがはっきりと分かれるほど、それぞれの候補者は、たいてい個性がつよい。

たとえば、フランスの右翼政党〈国民戦線〉のマリーヌ・ルペン党首。個人的には、彼女の政策は、耐えられないほど大嫌いだけれど、テレビ番組で見かける彼女のパフォーマンスはじつに見事だと思っている。他の候補者たちとくらべると、記者や対抗馬の政治家にたいする切り返しの上手さが、ずば抜けているのだ。〈国民戦線〉のほかの政治家たちも、言っていることはメチャクチャだと感じるけれど、話し方の上手さは認めざるをえない。

今、日本でも話題の、フランス史上最年少のマクロン大統領。オランド前大統領のスタッフの1人で、3年前は誰にも知られていなかった彼だが、2014年に経済産業デジタル大臣に就任、1年前には政党を立ち上げ、大統領を目指し、見事に実現した。彼はこれまでの政治家にない「教育を第一の優先政策にする」などを掲げ、フランスに「革命」を起こそうとしている。一方で、彼はかならずしも人気とりの提案ばかりをしているわけではない。フランス流「働き方」改革は、日本とは真逆で、経済や生活向上のために労働の機会を増やそうとするものだった（たとえば日曜日にデパートを営業させるなど）。

ほかにも、過去に大統領を務めたシャルル・ド・ゴール、ミッテラン、ジャック・シラクなど、国内外を問わず歴史に名を残したフランスの政治家はたくさんいる。

シラク元大統領は、大の親日家で有名だった（もしかしたら、1

親日家のシラク
元大統領

人、いえ2人くらいは日本人女性を愛したことがあったかもしれない）。彼の相撲好きはとても有名で、フランスのテレビで相撲が放映されるようになったのは、シラクのおかげだという話もあるほど。

残念ながら、日本の政治の歴史を振り返ってみても、国外まで名前が聞こえてくるような個性的な人物はあまり思い浮かばない。戦後だったら吉田茂、ここ30年間では、中曽根康弘、小泉純一郎くらいかしら。

日本の政治家は、テレビで討論するようすを見ていても、本物のディベートを見ている気になれないのが正直なところ。どの言葉も、あらかじめ用意されたシナリオに沿って決められたセリフをしゃべっているだけに見えてしまって……これではまるで、衣装や演技力の微妙な〈歌舞伎〉を見せられている感じだわ、と思っている。

10歳のわたしはミッテラン大統領を支援した

1980年代初頭、当時のフランスの政治は、大きく変わろうとしていた。10歳の子どもだったわたしにも、フランス中が改革を待ち望んでいるのが感じられたほど。

その頃までのフランスの政治は、何年にもわたって右派が握り、そのことに当時の国民の多くは不満を感じていた。わたしの両親も、これからの国の政治のあるべき姿について、しきりに語り合っていたのを覚えている。

テレビで見たミッテランの演説

なかでも、社会党の有力な候補者の1人、フランソワ・ミッテランへの期待が高まっていた。その頃のわたしは、大人たちの話す内容に興味津々。ついに迎えた開票の日のことも、とてもよく覚えている。テレビの画面全体が少しずつフランス国旗の色（青・白・赤）に染まり、ついに当選者が発表されるその瞬間、次期大統領の顔が国旗の色の上に映し出された。

1981年5月10日、フランソワ・ミッテラン大統領が誕生した瞬間だった。選挙の結果を報じていたのは、2人の男性ジャーナリスト。そのとき、ミッテランの支持者たちはフランス全土で歓声を上げていた。こうした大統領選の一部始終は、子ども心にも、とても興奮させられるものだった。

その後、ミッテラン大統領が行った目覚ましい改革の数々も記憶している。たとえば彼は、選挙からわずか6ヵ月で死刑制度を廃止した。

ミッテランのポスターを貼った17歳のわたし

それから7年後の1988年、ミッテラン大統領の任期も終わりに近づき、ふたたび行われた大統領選でのこと。当時すでに成人していた19歳の姉が運転する車のトランクに、ミッテラン再選を支援する内容のポスターと、それを壁に貼り付けるための糊《のり》を載せて、わたしたちは2人で町中をまわった。

高校では、フランス語の授業でも歴史の授業でも、通常の授業はそっちのけで政治をテーマにした授業が行われていたけれど、両親も、それについてとくに疑問には思わなかったようだった。当の選挙自体は、ちょうどわたしが18歳になる誕生日よりも、1ヵ月早く行われる予定だったから、まだ実際に投票できるわけではなかったのだけれど、先生たちや両親に負けず劣らず、わたし自身も選挙に夢中。7年前に経験した選挙のときより熱中した。

その後、フランソワ・ミッテランが無事に再選を果たしたすぐ後に、わたしはバカロレア（高校卒業試験）に合格。パリの大学に通うようになった。

その後、〈ヨーロッパ・1《アン》（Europe 1）〉という大手ラジオ局に就職したおかげで、たくさんの番組の中継に立ち会い、実際に、テレビの向こう側にいた人物を大勢この目で見ることもできた。政治家を含めたくさんの有名人に出会えたけれど、そのなかには、ミッテランの最初の大統領就任をテレビで報じていた憧れのジャーナリスト、ジャン・ピエール・エルカバシュの顔もあった。

時代は変わり、フランスの最近の候補者たちには興味が薄れてしまったものの（日本に住むようになったから）、選挙そのものには、今も変わらず注目している。

じつは2007年、2012年の大統領選に、投票しなかったのだが、わたしにはこの先をフランス(もしくは日本)で生きる息子がいる。極右政党の台頭がさけばれる昨今、フランスという国に不安を感じて、今年は投票した。

職業柄、最近は日本の政治のことを考えるほうが多くなったけれど……どうも、フランスの民主主義と日本の民主主義とは、ちがっているような気がしてならない。

もしかすると、「昔のほうがよかった」なんて思っている懐古主義の人間になってしまっただけなのかもしれないですね!

chapitre

9

Trinquons pour l'avenir des relations Franco-japonaises!

フランスと日本の未来に乾杯！

ロボットに「愛情」を感じる日本人、ロボットを「もの」ととらえるフランス人

先日、とある記事に書かれていた統計に、びっくり仰天してしまった。

記事のタイトルは『「結婚したい」急減　20代女性、シングルを満喫？』。

とてもショッキングな内容で、怒りすら覚えたほどだった。記事によれば、日本では、20代の若い女性のあいだで結婚願望が薄れている傾向にあるそう。それ自体は、たいしたことではないと思う。結婚はべつに、人生のゴールではないんですもの。

ところが、結婚したいと思わなくなったその理由というのが問題。なんと、彼女たちは現実の男性相手には興味を抱けなくなってきているらしい。いまや、日本では、男性たちだけでなく、女性たちまでが、ヴァーチャル世界のキャラクターに疑似恋愛をして満足しているそうで、記事には、つぎのように、あ然とさせられる内容がつづいていた。

「同研究所の担当者は『男女ともに、疑似恋愛のコンテンツが増えたことが結婚願望が薄れる理由の1つ』とみる。たとえば、スマートフォンの恋愛ゲームなどは男性向けが中心

だったが、最近は女性向けも増えた。都内に住む20代の女性は『アニメのキャラクターが大好きで、彼氏がいなくても生活は楽しい。別に現実の男性と急いで結婚したいとも思わない』と話す」(日経新聞2016年11月12日朝刊)

現実主義のわたしには、人間よりも、ヴァーチャル世界のキャラクター……つまり、実際には存在していないもののほうがいいと感じる気持ちなんて想像もつかない。恋愛の対象として、アニメやゲームのキャラクターを生身の人間のように思ってはいけないし、性的な興味の対象として思うことも、間違っていると思う。

「疑似恋愛」で満足ですか？

本物の恋愛感情は、生身の人間相手にしか実現するはずのない、もっと強烈な感情のはずでしょう？　気持ちをコントロールできないほど熱くなったり、その人がいなければ耐えられないと感じたりするのが自然な恋愛感情のはず。けれど、この記事に登場する研究者や、そのほかの調査によれば、どうやら今の日本の若者は、実在しないキャラクターやものとの疑似恋愛に満足しているらしい。

日本人は、人間以外、つまり、ヴァーチャルな相手にたいしてそこまでの気持ちを抱くことのできる、西洋人にはない特殊な能力を持っているのだと思うと、ほんとうに驚くばかりだ。

ベビーシッターもロボットの時代へ？

ちなみに、わたしがよく取材をするテーマの1つに、「ロボットの研究開発」がある。取材をしていると毎回と言っていいほど「ロボットと人間の共存は可能か」という話題が出る。研究開発に携わる人々は口々に「ロボットは人間と共存できる。たとえば街や家の中で、今は人間がしている仕事を代わりにしてくれるようになるはずだ」と語るのだけれど……。

工場などで割が合わない危険な仕事をロボットに代わってもらうと言われれば、そんなに違和感はない。今では当然のことのようにも感じる。ただし、たとえば老人ホームでの仕事を完全に介護ロボットにさせるとなると、フランス人にはちょっと、眉をひそめたくなるような思いになる。

「ベビーシッターまでロボットで代用できる」と言われたら、さらにつよい抵抗を感じるだろう。ではもし、セックス・パートナーがロボットだったら？　絶対にショックを受けてしまうと思う。３Ｋ（キツイ・キタナイ・キケン）の仕事をロボットにさせるのは２００

%賛成だが、愛情やコミュニケーションにまで介入させるのはやはり反対だ。

「ものに魂が宿る」はフランスにはない発想

ところが日本社会では、これが単なる仮想にすぎないどころか、むしろ実際に実現しつつあることのようだ。日本には、「ものにも魂が宿っている」という考え方が存在しているようだけれど、これは、フランスにはない考え方。

わたしたちフランス人は、デカルトの精神を受け継ぎ、疑うことを大切にする合理主義者だから、ものに精神のようなものが宿るということは、非常に受け入れづらいのだ。たしかに自分の持ちものに愛着を覚えることはあっても、もののほうが自分たちにたいして感情を抱くということは、考えられない。

けれど日本人を見ていると、どうやら、その逆のようす。ものにも魂が宿ることがある、感情を抱くことがあると本気で思っているように見える。

とくに非難すべきことでもないけれど、ものはものでしょう？　命が宿ることはないし、ものが何かを考えたり思ったりするなんていうことは、実際には起こりえないこと。そんなふうに、日本のみなさんは、一度冷静になって考え直してみてはどうかと思う。

少し西洋的な考えをあわせ持つ日本人なら、わたしの提案を簡単に受け入れられるかもしれない。ただ、なかには、「ものに魂は宿らない」という発想に、反発を感じる日本人もいるかもしれない。

「便利な道具」としてのロボット

話をロボットに戻すと、もちろん、工場でのロボットの有効活用は魅力的なこと。もしかすると、いつか家庭でも便利に使えるロボットが登場する可能性はある。

でも個人的には、家事のすべてをロボットに代わってほしいとは思わない。一部分だけでいい。夫婦で一緒に、もしくは子どもと一緒に、お皿を洗ったりするなど、家族で家事を一緒にすると、おたがいに話をする貴重な時間にもなる。毎日だったらうんざりしたり、疲れたりするかもしれないけれど、ときどきはこうした時間が必要だと思うのだ。

少なくともわたしは、自分の義理の両親にロボットをプレゼントして、

「これでわたしたちが会いに行かなくてもいいわね」

なんて、思えないのだ。息子をロボットに預けたいとも思わない。人間と同等の愛情が

ロボットからも受け取れるなんて、子どもに思わせたくないし、ましてや、母親からの愛情をロボットに代用させるなんて、ありえないもの。

アシモ開発者はすごいけれど

だから、見た目をヒトに似せたロボットをつくり、ロボットにも人間の気持ちを理解させ、体温はないけれどそれ以外は人のように働くことができますよ、なんて、そんなロボットの研究開発や実用化を進める企業には、賛成できない。

ものの擬人化をどこまで受け入れることができるのかが問われているのだと思う。

アシモくんの仲間と、その産みの親たちの功績には敬意を表したいと思っているけれど、とにかく人間でないものに恋するなんて、到底できることではないのだから。

「外国人」に慣れていない日本人、「移民」が常識のフランス人

ロボットを擬人化するなんて、まったく信じられない……なんて書いてはみたものの、よく考えてみれば、単純作業などは人間よりも従順なロボットに働いてもらうほうが、たしかにずっと簡単だ。

電源は、好きなときにだけ入れればいい。休みなく働かせることもできる。日によって、あちこちいろんな場所で働かせることもできるし、必要であれば、内蔵しているプログラムを別のものと入れ替えてしまったって、文句を言われることもない。

人間とまったく遜色なく働くことのできるロボットはこの世にまだ存在してないけれど、労働力不足が懸念されている日本にとって、こんなに簡単な解決策はないかもしれない。

日本はこの先、労働人口の減少が予想される。現在の内閣は、そのために外国人の受け入れを推し進めようとしているらしい。

こうした政府の方針は、たいていの場合、あくまでも経済的な観点に基づいて決められ

ていくもの。国民側の気持ちや、社会の実状を無視しているのでは？　と思われる場合も多い。外国人で労働力不足を補おうという政府のこの案も、実際に市民の側に受け入れ態勢が整っているのかといえば、答えは「ノン」ではないかしらと思っている。

外国人の立場から見える日本と「移民」

わたし自身、外国人の立場で日本に暮らしていながら日々感じるのは、多くの日本人は、外国人との共同生活にまだ慣れていないということ。

彼らの気持ちはよくわかる。

多くの日本人にとって、文化や、慣習や、しきたりの数々を共有することは非常に重要なことで、だからこそ、そのあたりを共有できない外国人との生活は、まだまだストレスになってしまうのだと思う。

フランスは、これまで幾度となく大勢の移民の受け入れてきた国。その結果、現在ではあらゆる国出身の移民がフランスに移住している。

移民たちは、フランスの生活に上手になじめているだろうか？

フランスの移民は「成功」している？

答えは、やっぱり「ノン」。じつは、さっぱりうまくいっていない。もちろん移民が悪いのではなく、「移民政策」が悪いのである。はっきり言っておくが、わたしは移民に反対していない。もしも、「いいや、彼らはうまくフランスになじんでいるよ」と言う人がいたとしたら、嘘つき……失礼。現実を見ていないのではないかと思ってしまう。現実には、若い移民の子ども世代のフランス人によるテロ、宗教をめぐる対立、差別などが絶えない状況が、今なお続いているんですもの。

こうしたフランスの現状を考えると、日本の人たちが感じる不安も、もっともだと思うのだ。たとえ現状では法制化されていなくても、できれば外国人労働者に「日本語の習得」や「社会ルールの遵守」

正規の滞在許可証を持たずに働いている外国人たちのデモ

などの条件を義務づけたほうがいいのではないだろうか。

たとえばアフリカのフランス語圏から来た移民たちは、フランスへの移住にあたって、言葉はとくに問題にならない。

けれど、その点、日本への移住は、どの国から来た人間にとっても日本語の習得という問題がつきまとう。フランスでさえ、フランス語圏以外の国の出身者のすべてにフランス語を習得させられているわけではないのだから、言葉の壁を甘く見てはいけない。

お手本になれないフランスの現実

わたしが子どもの頃は、さまざまなルーツを持ついろんな人種の同級生がいた。理由はわからないけれど、当時は彼らのような移民たちも、とくに問題なくフランスでの生活になじめていたようだった。

ところが現在、移民たちがおかれている状況は、ずいぶんむずかしいものになってしまった。経済のせい（景気が悪くなると外国人への支援も手薄になってしまう）なのか、それとも、移民の数が増えすぎてしまったからなのか、それはわからない。

どうしてうまくいかなくなってしまったのか、なぜこれほどフランスが移民問題に悩まされつづけているのか、はっきりとした原因はわからない。いずれにしてもフランスは、外国人の受け入れにかんして言えば、とてもお手本にはなれそうもない。観光客以外に外国人を大勢受け入れた経験のない日本のような国にとっては、なおさらだ。

日本を訪れる旅行者の数は年々増えている。そこで、まずは手始めに、日本を旅行で訪れる外国人とのコミュニケーションの機会を増やしつつ、日本の慣習やマナーを教えてあげるようにするべきかもしれない。

世界中見渡しても、こんなに人前でのマナーが重んじられる国は、ほかにないくらいだもの。日本が外国人を受け入れるために、これは外せないステップだと思う。

「信号無視」が世界の常識？

フランスでは、日本のように電車の中での電話は禁止されていないし、歩きタバコだって、許されているどころか、みんな堂々と吸っている。

電話や歩きタバコだけではなく、日本ではありとあらゆる場面で、「お行儀のよさ」が厳しく問われるもの。

ちなみに、今ではわたしも、赤信号を無視して道を渡るフランス人に日本で出くわすたびに、ついカッとなって、注意したくなってしまう。思わず「ルールを守れないなら、フランスに帰りなさい！」と言いたい気分になるのだ……。たとえパリでは誰もがナチュラルに信号を無視するからといって（しかもみんな慣れているからか、とても器用に赤信号の道路を渡るワザを身につけている）、そして、誰からも咎《とが》められないからといって、どこの国でも自分の国と同じような態度をとっていいわけがないじゃない。

ともかく、まず日本には、許容範囲内（この人数なら定期的に受け入れられるという無理のない人数）での外国人の受け入れから始めることを提案したい。

そして日本に来る旅行者など外国人全員に飛行機の中で、日本のマナーについての簡単な説明を受けてもらうのがいい（とくに地震が起きたときに守るべきマナーも教えてあげたい）。マナーを重んじる国、日本で、外国人がちゃんと受け入れてもらうために必要な〈いろは〉を教えてあげるのは非常に重要だと思うのだ。

フランスではわたしは別人格になる？

わたし自身、もしパリにいるときと同じような態度で生活していたら、とてもではないけれど東京に住んでいられないだろうと思う（きっと追い出されてしまうわ！）。

だからフランスに帰省中は人が変わったようになる。夫も、そんなわたしを見て、「別人だ！」と言っているくらい。彼には、「そうね」と答えている。実際にわたしは、フランスと日本では自分を使い分けているのですもの。フランスヴァージョンのわたしを見たら、日本の善良な人たちはきっと、「なんて失礼な人なんだ」とか「こわい人ね」と思うかもしれない。

日本在住の外国人として、わたしは、日本人に近づこうと曲がりなりにも努力をつづけている。でも一方で、日本ではエリートたちも、一般市民も含め、多くの人間がグローバル化や外国人への接し方そのものに苦労していることも知っている。

インターネットの普及以降、海外に出たいと望む日本の若者の数は減少してしまった。

これはとても残念なことだと思う。昔、わたしの母は、

「旅が若者を形成する」

というフランスのことわざをよく口にしていた。国外に出るとリスクはつきものだし、ときには危険を伴うことだってあるとは思うけれど、できれば多くの若者に日本の外で経験を積んでもらいたいもの。

「月見うどん」って何かしら？

日本がわたしにくれた「変化」

日本はわたしにとって、最初はまったくの異国だった。

そしてこの国が、わたしの人生を変え、ジャーナリストになりたいという夢を抱かせ、実際にその夢を叶えさせてくれたのだ。

日本を訪れたフランス人のわたしに起きた、このすばらしい変化は、きっと、フランスや、もしくはほかの国に一歩足を踏み入れようと決意した日本人のあなたにもまた、同じように起きることかもしれないのだ。

夢を抱くことは人間にとって、おかしいことでもなんでもない。とても自然なこと。

そして、それを叶えようと努力することは、人生でもっとも美しいチャレンジだと思う。

わたしのこの経験談が、日本の若者の（もちろん若者に限らずあらゆる年代の！）参考になればいいけれど。

たしかにフランスは「革命」を起こした国なので、革命気質を受け継ぐ現在のフランス社会のほうが、日本社会にくらべると、変化しやすいかもしれない。現状を打破しようという気運があるし、新しいことへのチャレンジ精神を持っている人も多いから。

けれど、きっとそれは、日本社会でも可能なことだと信じている。もう機能しない古い制度や、建設的に思えないシステムを新しく変えていくことだってできるはず。

わたしはとくに日本の女性たちが、そのカギを握っているような気がしている。男性に対抗していくという意味ではなく、むしろ彼らに寄り添うこと。そして、彼ら自身の生き方や価値観自体が新しい方向へ向かうよう、導いてあげること。それができるのは、まさに日本の女性たちだと思うから。

技術が進むと「疑う」フランス人、技術が進むと「さらに開発する」日本人

日本社会とフランス社会のあいだに、決定的に異なる課題があるとしたら、それは「少子化」だと思う。

少子化問題がとても深刻な日本にたいし、フランスではどんどん赤ちゃんが生まれている。少子化なんてどこ吹く風。フランスの出生率の高さは、世界的に見てもトップクラスだから、とりあえず人口減少については、今のところ心配はいらない。

その点日本は、もしこのまま出生率の低下がつづけば、人口は減少し、それにともなって起きる経済の縮小が懸念されている。

人口学に詳しいわけではないけれど、多くの専門家によれば、めぼしい解決策としては、出生率を伸ばす以外に、ほとんど道はないのだと言う。つまりは、足りない分を機械（ロボット）で補えばそれで解決、ともいかないらしい。

ところが、日本の多くの技術者や研究者たちは、こぞって、テクノロジーこそ未来を救うカギだと信じて日々邁進しているようす。

はたして、本当にそうなのかしら？

たしかに第二次世界大戦以降、人口の増加にともなって、日本のテクノロジーは進歩しつづけ、それに支えられるようにして、この国はめざましいスピードで復興を遂げてきた。

だから、彼らの意見を真っ向から否定しようとは思わない。

ただ、その成功体験が足かせとなって、社会全体が行き詰まってしまっている部分も、あるかもしれないと思うのだ。とにかく技術の力によって、経済を復興させればいいという想いが頭から離れず、不景気を含めた社会問題のすべてが、これ1つで解決するという気持ちにとらわれすぎているのではないかしら。

2つの開発が気づかせてくれた不安

いろんな実例が浮かぶけれど、2つだけ、わかりやすい例を挙げてみたいと思う。

1つめに、ロボット工学者の石黒浩氏が開発した、研究者自身の分身のような、彼とそっくりのコピーロボットのこと。

まさに彼の研究目的は、コピーロボットが自分の代役を務め、いつか遠方で行われる会議や学会に、彼の代わりに出席してくれるようになることなのだそう。

技術的には、いつか実現させることが可能な研究なのかもしれない。

でも、それって本当に、人間として自然なことなのかしら？

倫理的にはどうなのかしらと、つい考え込んでしまう。実際にコピーロボットが人間の代役を務めるような時代が来るとしても、わたしはそのときまで生きていないと思うけれど、自分の息子や孫の時代のことを考えると、抵抗を感じてしまう。

「まるで本物」がもたらすもの

もう1つの例は、コピーロボットよりも、身近に感じられるかもしれない。

遠距離恋愛中のカップルの心の距離を縮めるために開発された、こんな便利ツールをご存知だろうか。小型のハートのような形状をしたもので、恋人どうしが、たとえ離れた場所にいても、おたがいにその機械を握ることで相手にそれが振動となって伝わり、握手をすることができる機械。まるで電話で声や映像を交換し合うように、実際に触れ合ったような感覚を共有することができるツールなのだという。

これは一見すると試してみたくなるような新技術だけれど「ちょっと待って」と言いたい。スマートフォンや携帯電話が現代人に与えた影響のすさまじさを考えてみてほしい。

離れていても簡単にコミュニケーションができるようにしてくれる、これらの道具のおかげで、わたしたちは1日中メールやスマホに頼りっぱなし。実際に人と会うときは、必要に迫られたときだけになってしまった。こうしたツールは、便利なようでいて、会いたいという気持ちを薄れさせてしまうリスクもある。

いつでもどこでも会えるから、会わなくなる

ヴァーチャルなコミュニケーション形態が活発になればなるほど、一緒にいたいという人間的な欲求は薄れてしまうのだと思う。言い換えれば、いつでもどこでも人との連絡を可能にしたモバイルツールの登場が、人間どうしの距離を引き離してしまったということ。

それでも、現代人には、おたがいに触れたいという気持ちが、まだ少しは残っているから、そこでこの画期的な、離れていても握手ができるツールの登場というわけだ。

相手に触れたいという人間のリクエストにたいし、このマシンは「スイッチをオフにして、実際に会いに行ってください」とは言わず、「承知いたしました。手を握られたような感覚を再生します」と応えてくれる。

これでは、「近づきたい」「会いたい」という気持ちも、あっさり解消できてしまいそう。テクノロジーの進歩はよろしいことだけれど、なんでもかんでも技術の力に頼って折り合いをつけてしまうと、ソウルメイトとの出会いも、恋愛も、結婚も……そして、最終的には子どもをつくることからすら、人間は遠ざかってしまうのではないかしらと思う。

クジラを食べる日本人、フォアグラを食べるフランス人

ジャーナリストという職業柄、南極海で毎年行われる日本のクジラ漁については、いつも同じような記事を書いている。

毎回お決まりの記事の内容は、つぎのような感じだ。

「国際捕鯨委員会（ＩＷＣ）によって『商業捕鯨モラトリアム（一時停止）』が採択されて以来、国際的に商業目的の捕鯨は今も禁止されており、日本はあくまでも科学調査のための〈調査捕鯨〉としてこの漁を行っている」

続いて、

「ただしクジラの肉は今も魚屋に並んでいる」

「そのことについて、多くの国や環境保全団体から、抗議の声が上がっている」

という事実をつけ足す。

これは記事には書かないことだけれど、実際、いつも行く魚屋さんで、クジラの肉が売られているところを、しょっちゅう見かけるのだ。

クジラ問題、わたしのスタンス

では、捕鯨についてのわたし個人の意見はどうかというと、実のところ、なんとも言えないと思っている。もしも本当にクジラが絶滅の危機に瀕しているのであれば、たしかに捕鯨はできるだけ控えたほうがいいのではないかしら。

その一方で、日本政府が主張するように（そして時折フランスの船員たちも証言しているように）実際海にはクジラがまだまだ十分存在していて、絶滅からは遠いのだとしたら……。食べてはいけない理由も見あたらない気がする。

だから、たとえば馬肉を食べることについていえば、もっとはっきりと反対の意志を持っているわたしだけれど、クジラについては、とくに反対派というわけでもない。

クジラ（そしてその他の鯨目の生きもの）について、もしも捕獲の方法があまりにも残酷だったり、実際にその種が絶滅してしまうほど乱獲していたりする場合をのぞけば、捕鯨は日本の伝統の一部として尊重されてもいいのではないかと思っている。

それでも、食べたくないと思っている人間（たとえば肉を食べないわたしのような人間）の気持ちは、尊重してほしいなとも思う。

たとえば学校の給食のメニューとして出されるようなときには、子どもにクジラを食べさせるかどうか、親に選ばせてほしい。クジラ肉のように、食べるか否か議論の余地があるものについては、個人個人に選ぶ自由と権利があると思うのだ。事前に訊いてもらえれば、よく考えてから決めることができるもの。

日本の歴史を学んだからわかること

それからクジラについて、もう1点。

多くのフランス人と異なり、クジラを食べる文化にたいして、ここまで寛容でいられるのは、わたしが日本の歴史を勉強したせいかもしれない。

第二次世界大戦以降の日本について調べていたとき、クジラの肉は、当時の子どもたちの栄養不足解消に一役買っていたのではないかということを知ったのだ。それ以降、事情を知らない外国人からの批判に反発を感じる日本人の気持ちが理解できるようになった。

フォアグラの飼育方法の是非

フランスにも、ちょっと似たような議論がある。フォアグラの飼育方法（家禽《かきん》を強制的に太らせる肥育）について、残酷だと抗議する団体が、じつはたくさん存在する。もともと肉を食べないわたしは、フォアグラも食べないけれど、だからといって周囲の人間が食べていても気にしない。ただ、悲惨な方法で飼育されたものではないとわかるフォアグラを選んで食べるようにはしてもらっている。

この手の議論では、まずは他者の文化や習慣に理解と寛容さを示しつつ、歴史的なバックグラウンドを尊重することを決して忘れないことが大切だと思う。おたがいの意見が行きすぎないように、気をつけなければいけない。

「日本すごい！」が好きなフランス人、「フランスすごい！」が好きな日本人

海外で、日本は本当に人気があるのだろうか？

その答えは「ウィ！」と、シンプルに答えられる。ただ、ずっとそうだったわけではない。むしろ20年前のフランスでは、まるでその反対だった。

先にも記したが、実際にわたしが初めて日本に行くことを決めたとき、まわりの人間に「日本に行くことにした」と言うと、決まってみんなびっくりし、まるで頭がおかしくなったかのように思われたものだった。

残念ながら、当時のフランスでは、日本のことをよく思う人はあまりいなかったのだ。「バカンスをとらず、馬車馬のように働きつづけるロボットのような人たちの国」という、強烈な、まるで外国人が行ったら、はねのけられてしまいそうな国だという印象があった。

こんな勝手なイメージを抱いていたフランス人を許していただきたいと思うけれど、事実そうだったのでしかたがない。

日本人は仕事が大好き……というイメージは、けっして現実からかけ離れてもいないと

思う。残業もいとわず、有給休暇も、フランス人とくらべると、ごくたまにしかとらない。でもきっと当時は、その事実が誇張され、ネガティブなイメージとなり、ひとり歩きしていたところがあったと思う。

「ジャポニズム」という日本ブーム

あれから20年がたった今、当時のイメージが１００パーセント塗り替えられたとは言えないまでも、海外、なかでもフランスでは、日本にたいするネガティブなイメージは、ほとんど払拭されつつある。そして、しばらくのあいだ忘れられていた日本の本当の魅力や奥深さが、多くのフランス人によって、再発見されている。

文化の豊かさ、伝統の奥深さ、人々の礼儀正しさ、歴史を重んじる姿勢、完璧主義なところ、そして、独自に発展させてきた、他国には真似できないすばらしい芸術の数々。

じつは、20世紀の初頭にフランスで「ジャポニズム」という一大日本ブームが起きた頃、1度はフランスに紹介され、人々のあいだで大流行していた日本文化が、約１００年の時を経て、ふたたび発掘されたような状態だ。

まず日本のマンガやアニメ（宮崎駿監督の作品に代表される）が、フランスにどっと紹介され、瞬く間に人気を得たのが、2000年代の初めのこと。

映画の分野でも、北野武や河瀬直美など、現代のすぐれた監督が次々と知られるようになっていっただけではなく、小津安二郎や黒澤明など、昔の映画への再評価も含めて、日本映画を支持するフランス人は、あっという間に増えていった。

マンガの力

そして、今や日本は、フランスの若者たちからの注目をもっとも集める国となっている。

その証拠に、フランスで、英語のつぎに翻訳されている外国語の書籍は日本語（主にマンガ）なのだという。

とくにマンガブームは、かつてないほどの勢いで広がりつづけ、『ドラゴンボール』や『NARUTO―ナルト―』にかぎらず、現在ではあらゆるタイプのマンガがフランス語に翻訳されている。世界的に見ても、フランスは日本に次いで2番目に大きなマンガ市場だと言われているほど。ちなみに読者は、男の子よりも女の子のほうが多いようだ。

ブームは、マンガだけにとどまらない。

たとえば、パリで歌舞伎の公演があるときなどは、あっという間にチケットが売れるので、会場はいつでも満席。小さい頃から折り紙に親しむフランス人は大勢いるし、合気道、空手、柔道など日本の武道も、とても人気がある。かつて20世紀のフランスで「ジャポニズム」が流行したときと同じように、日本の持つ独特の文化は、フランス人を惹きつけてやまないものがあるのだ。

そして、テクノロジーの歴史

もう1つ、ニッポンの魅力を挙げるとしたら、テクノロジーだろう。

ソニーの名前をヨーロッパ全土で一躍有名にしたトリニトロン（電子工学者だったわたしの伯父は、このすばらしいブラウン管画面のことを、ことあるごとに褒めちぎっていた）、ウォークマン（欲しくてたまらなくて両親にしつこくせがんで買ってもらった）。

それからパナソニックの開発した感動的オーディオ、Technics SL–1200シリーズ（ラジオで使用したのを昨日のことのように覚えているわ！）、シャープの計算機（中学生時代に愛用していたっけ）や、液晶テレビ（記者として亀山工場に見学に行ったわ！）。
カシオの最初のデジタルカメラも忘れられないし（発売の初日に買いに行ったわ！）、TASCAMのDAT（ジャーナリストの仕事には欠かせない録音アイテムね！）、コルグやヤマハの製作する電子楽器など、わたしの思い出にかならず存在するテクノロジー、数えだしたらキリがない。

最近では、日本のロボットの研究開発に注目しているフランス人も多いと思う。最先端のロボット技術について耳にするたび、彼らは、「じつはすでに、メタルでできたアンドロイドが日本人に混ざって日常生活を送っているのでは？」と、SF的な想像をふくらませているようだ。

テクノロジーの進歩にかんする話題は、いい意味で、日本という国にたいして前衛的なイメージを抱かされるものだけれど、同時にちょっとマニアックすぎるというか、「オタク」文化のようなネガティブな印象も受けるのだけれど。

恋愛市場は「複雑で理解しがたい変わった国」？

また、ネガティブな印象といえば、フランスのテレビや雑誌メディアは、恋愛やセクシュアリティにかんする価値観の面で、日本のことを「複雑で理解しがたい変わった国」という切り口で紹介することも多い。

たとえば、「ラブドール」について、「ラブドールに肉薄!」という記事では既婚男性がシリコン製の「ラブドール」を恋人のようにあつかう事実を衝撃的に描いていた。

日本の男女は人前でキスをしない、「愛している」と口にしない、そんな奥ゆかしい国に見えて、同時に「変態《ヘンタイ》」をはじめとした、あらゆる性的倒錯が社会に横行しているというところが、フランス人を困惑させるようだ。

それだけでなく、日々の報道を見ていると、日本では、フランス国内ではそうそう見られないようなバラバラ殺人などの残酷なことがしょっちゅう起きる、ちょっと危険な国だという印象が残る。とはいえ、このような「特殊な日本人」は本当にごく一部の人だ。

フランスのジャーナリストたちによるそんな記事を目にするたび、わたしは、実際に日本に住む記者の1人として、フランス人読者には、先入観や誇張されたイメージを与えないように、つねにニュートラルな視点から記事を書くようにすることが、いかに重要かを考えさせられる。

日本人気が高いとはいえ、まだまだ、日仏間にはカルチャー・ギャップも存在していて、こまかな説明が不足しているせいで、誤解が生まれているのも、また事実。

日本人がかならずしも「本当のフランス人」について知らなかったり、ある意味、理想化して夢を見ていたりするように、フランス人側もまた「本当の日本人」を理解できているとは言えないはずなのだ。

でも、そんな誤解だったり、認識のズレだったりが、おたがいを魅力的に思わせているスパイスのようなものなのだとしたら、あえて、想像の自由を残しておいてあげるのも、いいのかもしれない。

たとえばそうね……フランス人はなんの努力もしなくても、いつでもエレガントに美しく暮らしています。服をたったの10着しか持っていなくても！

おわりに――あえて「日本の残念なところ」について

いろいろと書いてきたけれど、ようするにわたしは「日本」や「日本人」が、好き。ありがたくもこの本を購入してくださった読者のみなさんに、そのことが伝われればと願っている。

わたしはよく、日本のことを自分の第二の故郷だと言っている。今では実際に日本人の家族もできた。

わたしが日本人の好きなところは、たとえば、規律を重んじて、マナーがとてもいいところ。日本のサービスは正確で便利。いつでも信頼がおけるし、質の高さはお墨つきだ。スーパーマーケットに並ぶ商品から伝わってくる、食べ物に対する繊細な感性もすばらしいと感じる。

完璧主義で、誠実で、清潔で、安全性も高い、それが日本。

こうした特徴はどれもフランスが失くしてしまったように思えることばかりだ。

息子も、日本の学校で、「片付け」や「他者を尊重する気持ち」「先生を敬う気持ち」などを覚えてくれたらと思っている。日本の教育は、規律に従うことの大切さを教えてくれるし、読み書きや算数の教え方もうまい。

母としてのわたしはといえば、日本社会に対応しようと日々努力の連続だ。自分でも知らないうちに身に染みついてしまっている、いかにもフランス人らしい短所（たとえば、つい本音がでてしまうところとか！）はできるだけなくしたいと思いながら。

かつてフランスにも、何十年か前には、先ほど挙げたような、日本に似たよさが、たくさん残っていた時代があったはず。けれど、本書をお読みいただいてわかるとおり、現代のフランス社会からは失われてしまったことのほうが多い。だからわたし自身は日本に暮らすことで、失われた大切なことを学び直している。

実際に家族をつくり、今こうして、この国に暮らしているのは、まさにそのためなのかもしれない。フランスにいるよりも、日本にいるほうが心地いいと感じることも多いのだ。

一方で、わたしは、日本社会に批判的な視点も持ちあわせている。デカルトよろしく、「つねに疑う」のがわたしのモットー。言い換えれば、この国が好きだからといって、毎日何も考えずおめでたく暮らしているわけではない。日本社会のあれこれを実際に目にしたり耳にしたりするたび、考えさせられることも多い。なかには、「フランスのほうが上手に解決しているのでは？」と思うこともある。

まあ、日本だって完璧じゃないということ。完璧な国など存在しないのだから。

そこで本書の最後に、日本の残念なところ、変わって欲しいとわたしが感じていることを書いてみたいと思う。

まず、大きな問題だと感じているのは、日本社会のコミュニケーションの希薄化だ。最近はますます、人と人が心をひらいて会話をすることがなくなってしまったように見える。それは、家庭、企業、学校でも同じ。とても残念なのだけれど、ましてや、電車やエレベーターなどですれ違う他人と口をきくことなんて、めったにないのでは？　と思う。

日々の生活のなかで、こんなにも、会話を楽しまないのはとても残念なこと。スマートフォンが普及すればするほど、人間どうしのコミュニケーションが減っていくように感じる。人は1人では生きていけないもの。社会全体が1つになって、成長し、豊かな未来に向けて花開いていくために、コミュニケーションは、けっして欠かせない。

また、わたしは日本の学校制度についても、疑問に思うところがある。すでに触れたように、試験方法はもちろんだが、本当は、それだけではない。

「放課後にまで、子どもを塾に行かせるのは、どうして？」

フランス人のわたしから見れば、塾に行かなければ勉強が追いつかないというのは、矛盾を感じてしまう。

だって、それは学校教育に欠陥があると認めているようなものでしょう？

それならば、学校こそが制度を見直さなくてはならないはず。すべての生徒に平等にチャンスを与えることが、学校教育の責任なのだから。

そうでなければ、親の経済力によって、塾に通える子と通えない子のあいだに格差が生まれてしまうし、それでは、子どもたちにとって不公平だ。

塾に通うお金のない家庭に国が支援をするのならまだしも、現状の制度のままでは、名門と呼ばれる学校を頂点とした、競争主義の不平等な制度だとしか言いようがない。

日本ほどの国なら、きっと、いい解決方法を見つけられるはずだと信じている。

また、同じような意味で、日本ほどの国ならすべての子どもに居場所を見つけてあげられるはずでしょう？

どうして？　と、残念に思ってもいる。

保育園不足による待機児童問題の解決、つまり希望するすべての家庭の子どもが保育園に通えるようにすることは、急を要する課題だ。

それは、「母親たちを働かせるために」ではなく、それぞれの親が、平等にライフスタイルを選択する権利を守るために、必要なこと。現状のままでは、社会の状況によって生き方を選ばされてしまう。

日本ほどの国なら、子どもたちのために、できないはずはないと思ってしまうことは、他にもたくさんある。「虐待」や「両親がどうしても育てられないから」といった理由で、実の親から引き離されてしまう子どもたちに、里親を見つけてあげることもその1つだ。

法律上、親のいない子どもたちには、家庭環境を与えられる権利があることになっているというのに（世界的に見ても専門家たちは口をそろえてこう言っている）、現実を伴っていないのが現状だ。

厚生労働省の発表によれば、現在、4万6000人以上の子どもが、さまざまな理由から、肉親と離れて暮らすことを余儀なくされているそうだ。そのうち、里親のもとで暮らす子はたったの1割。残りの9割は、施設で暮らすことになるらしい。

世界第3位の経済大国ともあろう日本で、こんなことってあるかしら。ちなみに、養子縁組の分野で、日本はフランスを含めたヨーロッパ諸国とくらべて30年は遅れていると言われている。

それから、日本ともあろう国が、なぜ2011年3月11日に起きた震災から6

年もの月日が経っても、いまだ多くの被災者たちを仮設住宅に住まわせているのだと憤りを感じることもある。

あの恐ろしい震災の当日、わたしは日本にいた。多くの被災地を訪ねてまわり、被害の状況をこの目で見た。とても苦しい思いをしている仮設住宅に暮らす人々のために、どうしてもっといい環境を与えられないのか、6年もの間、政府は何をしていたのかと首をかしげずにはいられない。

彼らにとって、震災のことを忘れることは、きっとむずかしい。けれど、いつの日か、「仮設住宅に暮らしていた人々全員が、通常の生活環境をついに取り戻しました」という記事を書くことができればと、ジャーナリストの1人として願っている。

さらにジャーナリストの立場から、「発言の自由」や「報道の自由」、そして「表現の自由」が、この国でも尊重されるように願い、いつかこれについても書きたいと思っている。ただし、ここでいう「表現の自由」において「ヘイトスピーチ」と呼ばれる長々しい演説を好んでする排外主義者（人種差別主義者）たちは論外だ。

この本を書くにあたって、大和書房と編集者の藤沢陽子さん、訳者の石田みゆさん、そして、多くのキュートなイラストを提供してくれた夫、じゃんぽ〜る西に心からの感謝を伝えたい。

いくつも批判を並べたけれど、きっと日本は、どの課題も乗り越えることができるだろう。これまで、多くのことを学ばせてくれた日本だからこそ、明るい未来があるとわたしは心から信じている。

わたしはこれからも、ここで暮らし続けていきたいと思っているから、この国で子どもを産み、育てているのだ。

西村・プペ・カリン

出典一覧

本文漫画

©じゃんぽ～る西／
祥伝社フィールコミックス『モンプチ 嫁はフランス人』より

p18,p19,p24,p30,p34,p44,p46,p47,p49,p55,p60,p69,p82,p83,p85,p92,p104,p109,p112,p115,p120,p129,p147,p158,p160,p165,p166,p174,p189,p203,p209,p215,p228,p238,p242

©じゃんぽ～る西／
白水社「ふらんす」に夫婦で連載中の
「C'est vrai ?」「フランス語っぽい日々」より

p71,p100,p179

©じゃんぽ～る西／
飛鳥新社『パリが呼んでいる』より

p224

描き下ろし

カバーイラスト,p3,p22,p38,p67,p75,p78,p119,p127

不《ふ》便《べん》でも気《き》にしない
フランス人《じん》、
便《べん》利《り》なのに
不《ふ》安《あん》な日《に》本《ほん》人《じん》

心《こころ》が自《じ》由《ゆう》になる生《い》き方《かた》のヒント

2017年9月5日　第1刷発行

著　者　西村《にしむら》・プペ・カリン
訳　者　石田《いしだ》みゆ
発行者　佐藤靖
発行所　大和《だいわ》書房
東京都文京区関口1-33-4
電話 03(3203)4511

デザイン　三木俊一＋廣田萌（文京図案室）
カバーイラスト　じゃんぽ～る西
カバー印刷　歩プロセス
本文印刷　シナノ
製本　ナショナル製本

ISBN978-4-479-39296-5
乱丁本・落丁本はお取り替えいたします
http://www.daiwashobo.co.jp

著者

西村・プペ・カリン

Nishimura Poupée Karyn

1970年6月7日生まれ。AFP通信東京特派員。パリ第8大学の後、ラジオ局やテレビ局を経て1997年に来日。2000年からフリージャーナリストとして「Journal des Telecoms」「Le Point」などで執筆。2004年よりAFP通信東京特派員。2008年「LES JAPONAIS日本人」出版。2009年、同著書が渋沢・クローデル賞受賞。2010年「Historie du Manga 日本漫画の歴史」出版。国家功労勲章シュヴァリエを受章。好きなことは和太鼓、東京（都会）、地下鉄の雰囲気、日本の本と本屋、和食（寿司など）、築地。モットーは「死ぬまで学生」。日本での著者に『フランス人ママ記者、東京で子育てする』（大和書房）がある。

訳者

石田みゆ いしだ・みゆ

1984年横浜生まれ。翻訳会社、出版社勤務などを経てフランス語書籍の翻訳に携わる。訳書に『フランス人ママ記者、東京で子育てする』（大和書房）など。

じゃんぽ～る西
Ma femme est française
描き下ろし4P!
mon petit
モンプチ
嫁はフランス人
2 deux
Bisou!
本体価格880円+税
キュッ
子供への愛・恋人への愛
愛は同じでも愛の表現が違う
チュ
フフフ
パパより うまい デスネ
チィッ
このようにフランスのキスの習慣を既に血肉化している我が息子3歳ですが
……
保育園に連れて行った時はキスするんじゃないかとこっちが気が気でない
みっちゃん かわいいよ
どわ～～～
フランスと出会って人生が激変した草食男子の物語
祥伝社